推动转型

现代教育治理三十讲

井光进——著

教育科学出版社
·北京·

出 版 人　郑豪杰
责任编辑　张　璞　宋子婧
版式设计　沈晓萌
责任校对　翁婷婷
责任印制　叶小峰

图书在版编目（CIP）数据

推动转型：现代教育治理三十讲 / 井光进著 .
北京：教育科学出版社，2024. 10. -- ISBN 978-7
-5191-4135-6

I . G526

中国国家版本馆 CIP 数据核字第 2024L79P11 号

推动转型：现代教育治理三十讲
TUIDONG ZHUANXING: XIANDAI JIAOYU ZHILI SANSHI JIANG

出 版 发 行	教育科学出版社			
社　　　址	北京·朝阳区安慧北里安园甲 9 号	邮　　编	100101	
总编室电话	010-64981290	编辑部电话	010-64981280	
出版部电话	010-64989487	市场部电话	010-64989009	
传　　真	010-64891796	网　　址	http://www.esph.com.cn	
经　　销	各地新华书店			
制　　作	北京大有艺彩图文设计有限公司			
印　　刷	保定市中画美凯印刷有限公司			
开　　本	720 毫米 ×1020 毫米　1/16	版　　次	2024 年 10 月第 1 版	
印　　张	16.75	印　　次	2024 年 10 月第 1 次印刷	
字　　数	211 千	定　　价	58.00 元	

高质量教育呼唤现代教育治理

在建设教育强国背景下，无论是教育管理者还是校长、教师，都应更加关注教育如何从管理走向治理、加快建立现代教育治理体系这一重大课题。现代教育治理涵盖各个领域，是一个系统化的概念，需要持续研究和实践。无论是区域教育还是学校变革，构建现代教育治理体系以及提升与其相匹配的治理能力，都需要每一位教育工作者以及关心教育的人士来共同参与和深度探讨。

一、这本书是怎么来的？

我从 21 世纪初开始研究教育管理，记得当时接手的第一项任务就是起草《在全市中小学校推行校长职级制改革的意见》，自此便与山东潍坊的教育综合改革结缘。一路走来，我先后参与了教育评价改革、校长职级制改革、中小学教师职称制度改革、教师管理"县管校聘"改革、教师人事综合改革、中考改革、普通高中新课程新教材实施国家级实验区建设、义务教育教学改革实验区建设、中小学党建创新、推进依法自主办学等各项改革的全过程。通过参与这些改革，我深切感受到现代教育治理思维和理念的重要性，以及加快构建现代教育治理体系的紧迫性。在推进教育改革创新的过程中，潍坊市教育系统按照"先一步、深一层、连一片"的导向，坚持迈小步不停步、不走弯路回头路，系统调动起学校办学的积极性、教师的教学积极性、学生学习的积极性、家长和社会参与的积极性，并以现代治理体系支撑区域教育呈现出高质量、高品质发展的绿色生态。

在二十余年的研究和实践过程中，我与很多校长和教师成为无话不谈的好朋友。他们浓厚的教育情怀、在学校层面的探索创新以及总结出来的办学和育人经验，是那样的深刻和动人。这成为我不断汲取营养的源泉和持续研究现代教育治理的最大动力。他们总是建议我，要把想到的东西记述下来，把基于实践的思考梳理出来，为校长、教师和广大教育工作者提供借鉴和参考。在他们的鼓励下，我把参与过的改革事项以及自己的思考分门别类记录下来，形成了这样一本书。特别想说明的是，在潍坊这样一个地方，校长和教师们朴素的情怀、先进的理念和专业的素养，值得我们赞誉！作为新时代的教育管理者，我们始终要牢记尊重校长、善待教师、心系学生！

我还记得自己年过四十，仍然决定攻读博士学位的那段经历。当时到北京师范大学参加面试时，北师大教育管理学院院长苏君阳教授问我："人到中年，为什么还要读博士？为什么要读北师大的博士？"我当时很坦率地跟各位评委专家讲："我是从田野来的，来自教育改革的一线，探索设计了一些看上去很有用、学校很欢迎的制度机制。但是，这些制度机制是务实派、带着土腥味，它们符不符合教育规律？是不是贴合教育理论？有没有更广泛的普适性？要想回答这些问题，需要理论的支撑。因此，我选择来到北京师范大学，以逾不惑之年，再当小学生，以求得实践之花与厚重理论沃土的结合，做更多理论与实践紧密结合的新探索。"等到面试分数公布之后，我居然忝列当年所有报考者的首位，内心不禁惶恐。这也更加坚定了我研阅相关理论书籍、研究现代教育治理、记述所思所行的决心。在读博期间，将自己过往的实践探索，从体系化的角度全面加以完善和梳理，推出拙作以飨读者，希望得到更多批评指正。

二、阅读本书能够得到什么？

本书所收录的文章，围绕"构建现代教育治理体系"这一主题，涵盖办好教育、办好学校、教好学生、营造好教育生态等各个领域，分"走向专业的教育治理""先人后事的治理策略""用改革的办法解决发展中的问题""高效治理推动高质量发展"四个篇章、三十讲进行了系统讲述。在指向实践的目标下，本书试图体系化、模块化地向读者讲述现代教育治理涵盖哪些维度、从哪些方面来把握和推动、从中可以做出哪些选择以及获得哪些认知。

作为校长，可以从本书中找到学校运行机制创新的办法。"国家把整个的学校交给你，要你用整个的心去做整个的校长。"当下的教育，需要我们的校长全环境育人、全要素办学、全身心投入。如何有效治校办学？本书提供了先人后事、制度第一、盘活资源、自我成长等可供选择的答案。

作为教师，可以从本书中找到把教育改革转化为生动育人实践的制度设计。新时代的教师，要弘扬教育家精神，就要做到情怀更深、专业更优、格局更大、心态更好，就要以为人父母之心行为人师表之实。本书就如何持续激发教师从教内生动力、如何全面激发学生学习动力等方面，提供了可以尝试的工具箱和脚手架。

作为教育管理者，可以从本书中找到提升教育治理效力、更好服务高质量发展的策略和路径。教育是国计也是民生，是当下也是未来。如今的教育，正处在高质量发展的新起点上，各方高度关注，社会强烈期待。如何在推进教育发展中凝聚起各方智慧？本书给出了切合实际的回答，既有策略也有实践。

此外，对于从事教育研究和关心教育的人士，恰如我前面所言，本书缺少浓厚的理论色彩，但是提供了一份翔实的实践样本。因此，本书可以为教育研究提供佐证、提供依据，甚至提供"不恰当的案例"。无论大家做何评价，我都认为是对自己点灯熬油、不舍昼夜付出的一份肯定，对继续深化现代教育治理研究的一种鞭策。

再次强调，本书只是为致力于改革创新的教育管理者、各级各类学校的校长以及有心的教育工作者们，开启一种视角，提供一套工具。当然，这些想法和做法，还需要结合本区域、本学校进行"一校一策"的有效整合。有效的制度供给，是构建现代教育治理体系、提升教育治理能力的关键所在。

三、现代教育治理值得更多关注

我经常跟身边关心教育的朋友们分享这样几句话："构建现代教育治理体系永远在路上，提升教育治理能力永远在路上，办好人民满意的高质量教育永远在路上。"因为一直在路上，所以需要我们携手一起不懈努力。批判和否定极具价值，而解决问题才是最终目的。

从区域教育来讲，我们面临的压力和问题更加突出，需要通过现代教育治理来优化教育生态。从学校运行来讲，师生和家长的需求更具个性化，如何培养未来社会需要的人才、如何回应各方诉求，需要通过现代教育治理来引导参与、协商共治。对每一位教育工作者来讲，背负的压力和期待也日益加剧，创造性转化和创新性发展成为推进工作的必选项，现代教育治理思维和方法，需要我们每个人去思考、去研究、去实施。

令人欣慰的是，一大批具有深厚理论功底的年轻人进入教育行业，越来越多的家长和社会人士对教育产生了浓厚的兴趣，多元共治的现代治理良好氛围逐渐形成。我们衷心期待更多的朋友就"现代教育治理"这一话题进行深入探究，涌现出更多理论和实践成果。

井光进

2024 年 9 月

目 录

第三章　用改革的办法解决发展中的问题

第四章　高效治理推动高质量发展

第一章

走向专业的教育治理

从区域教育和学校管理实践来看，教育治理是专业行为，有效的教育治理，有其规律性，需要策略和路径。非专业的教育治理行为，则会成为负面干预。我们应认真研究教育治理之道、之法、之路，并应用于教育改革的丰富实践之中。

第一讲 治理之道：需要引起关注的若干关系

构建现代教育治理体系既要聚焦为党育人、为国育才，培养德智体美劳全面发展的社会主义建设者和接班人，又要支撑构建服务全民终身学习的教育体系，努力办好人民满意的教育，还要结合当地经济社会发展现状及未来预期，强化整体性、系统性、针对性思维。围绕"学校精致、育人精准、师生精神、管理精进"的价值追求，坚持问题导向、目标导向和效果导向，仰望星空抓好体系架构，着眼内涵推进改革创新，脚踏实地确保落地见效，从不同视角整合各类要素，调适处理好各个层面各种关系。

一、公平与效率

现代教育治理首先聚焦公平。公平是前提、是基础，必须要围绕公平对待每一所学校、每一位师生，促进每一位师生健康成长来构建治理体系。但公平不是平均主义，资源供给调配也不是"撒芝麻盐""大水漫灌"，实现公平要讲效率。诸如分配机制，"大锅饭"不是公平，优教优酬才是公平；职称岗位到年限就聘任、聘上就终身制不是公平，人岗相适、有为有位的竞聘机制才是公平。总之，要靠机制赢得公平，靠效率激发活力。

二、质量与效益

提高教育质量是治校办学的要义所在。质量固然很重要，但是弄清追求什么样的质量、怎样提高质量、如何评价质量更重要。新时代提高教育质量，不能再是"五唯"，不能再是"一把尺子"，不能再是"齐步走""一刀切"，而应是一种绿色生态下的多元选择、个性成长、特色发展，实现"人人皆是人才、人人皆可成才"。获得理想的教育质量，既要注重价值观，更要关注方法论。要关注效益，不能靠拼时间、刷试题、看成绩，而是要靠科学管理、高效课堂、优质课程建设实现轻负担、高效益下的高质量。

三、底线与创新

创新是发展的第一动力，教育是常做常新的事业。师生每天都是变化的、成长的，不能靠惯性、经验设计制度机制。但创新是有前提的，既不能刻意为之，也不能突破规律和规范。"百家争鸣、百花齐放"的教育创新要守住底线。何为底线？底线就是遵循教育规律、儿童成长规律，符合党和国家对依法治教、依法执教的各项要求。教育创新要把规律、纪律、规矩放在前头，要遵循事物创新的规律，避免创新过程中"一丑遮百俊"，更要避免为了创新而创新。

四、全体与个体

面向全体是基础，是公平；面向个体，突出个性、因材施教是育人追求，更是公平。处理好全体和个体的关系，要突出重点所在，高度关注特殊群体、弱势群体，不让一个孩子掉队；高度关注特长群体、超常儿童，让跑得快、跑得慢的都有轨道。教育要面向全体学生，促进学生全面发展，使其德智体美劳各方面都达到国家规定的培养目标，并在此基础上关注个体差异，促进个性化成长。此外，还要注重面上提高、点上突破，以点带面，发挥好学生个体的引领和示范作用。教育学生如此，加强教师队伍建设也是如此。

五、党建与业务

抓好党建是构建现代教育治理体系的重点所在。在教育教学工作中，要发挥党建统领作用，将党建全方位融入业务、融入改革。业务工作的边界在哪里，党的建设就跟进到哪里、覆盖到哪里。实现抓党建促教学、以党建引领育人，要杜绝党建、业务"两张皮"。要做到党建、业务相融合、相促进，既不是以业务代替党建，也不是以党建代替业务。从根本上讲，遵循规律抓实党建工作和思政工作，本身就是业务，就是专业，是治校办学的基本功。

六、校长与学校

在党组织领导的校长负责制背景下，校长是法人代表，全面负责学校教育教学和日常事务管理。负责就意味着使命和担当，意味着校长要用"整个的心"办"整个的学校"，要把个人发展融入学校改革发展中，在学校的创新变化中找准人生的坐标和成长的方向。在对学校的考核评估中，要更加明确学校的成绩就是校长的业绩，学校的口碑就是校长的形象，办社会满意的学校就是当社会认可的校长。一位好校长就代表着一所好学校，好校长与好学校始终相得益彰，是有机结合的共同体。

七、教书与育人

教书和育人相统一是教育的基本原则，既教书又育人也是教师的基本职责。知识传授和价值观浸润、日常教学与道德养成、学高为师与身正为范、学术研究与专业素养等，都是相辅相成的。学校在课程建设、教学实践、师生评价等过程中，都应首先考虑育人要求。教师在教书过程中，在备课、上课、教研、评价等各个环节都应首先考虑育人因素。学校要加快推进"三全育人""五育并举"创新实践，特别是抓实全员育人导师制，健全考核评价机制，引导教师全员育人，实现教和育并重，融会贯通于日常，其成果体现在学生做人做事的变化和综合素养的提升上。

八、指导与服务

指导是引领，需要专业；服务是保障，需要科学。学校需要什么样的指导、什么样的服务，需要上级有关部门充分论证、换位思考，不能"想当然"去服务，否则将会好心办坏事。哪些是服务事项，哪些需要指导，应列出细化清单。学校管理也是如此，教师需要哪些指导、哪些服务，应充分民主协商，才不致出现"学校点了菜、教师不动筷""当面不表态、背后冷着脸"的尴尬现象。学生成长需要什么指导、哪些服务是一门专业学问，需要深入细致的研究分析。构建现代教育治理体系，有助于找准指导和服务的路径，做到"有求必应、无事不扰"，还给教育、学校、师生自由呼吸的空间和时间。

九、竞争与合作

从学校层面看，要用"多把尺子"评业绩，把考核评价变为诊断指导，学校之间取长补短，共享办学经验和创新成果；从教师层面看，要突出师德、育人和同行认可度，强化团队评价，营造集体备课、集体教研、学情会商、协同育人氛围；从学生层面看，要尽量少搞竞争性比赛，多设计合作性活动，强调只要参与就是赢家。构建现代教育治理体系应倡导和谐的人际关系和适度的竞争关系，在愉悦的气氛中立德树人。

十、快与慢

教育是农业，不是工业，把握节奏非常重要。认准的事项、符合规律的创新、师生期待的改革，要全力加快推进；看不准的事、摸不透的事、尚未达成共识的事，不要急于求成。办教育不能简单地"少数服从多数"，教育改革是真正的"100−1＝0"，一个学生就是一个家庭，一位教师就是一个班级，处理"1"的问题万万马虎不得。人生本就没有统一的起跑线，笑到最后的才是笑得最好的。把路走直是捷径，把路走弯是故事，二者都是成长。

十一、问题与机遇

问题就是机遇，发现问题比解决问题更重要。抓住机遇靠慧眼、靠预见性，解决问题靠人、靠方式方法。办教育最怕看不出问题、找不到真问题，抑或对问题视而不见。一时可能看不出变化，但积少成多，积重难返。而机遇只垂青于有准备的头脑，"风起于青萍之末"，要善于从小事小节上、小的变化中看到大势，看到未来，看到机遇，并抓住窗口期顺势而为，做到未雨绸缪。特别是在形势大好的时候主动找问题，抓住机会始终走在前列，这是构建现代教育治理体系需要高度关注的一个方面。

十二、知与行

知行合一是古训，也是新知，讲起来简单，落地尤其难，可以说是一分部署，九分落实。治校办学贵在行动，理念再好也只能营造氛围，关键还是在于迈出步子，少走回头路。教书育人同样如此，教的是真道理，学的是实功夫，关键在落地生根。知为行之始，但行胜于言。

十三、教与学

教学相长、学教一体，教什么、怎么教，要立足于学什么、怎么学。面向 2035，面向建设教育强国，面向建设学习大国，如何定位教与学，是每一所学校面对的重要课题。先学后教还是先教后学，没有固定的模式和路数，都是基于学情、基于学生发展需求、基于教学目标的设计。从当前来看，应该科学调适教与学的关系，做到对学生、学情的充分研判，变"教学"为"学教"，变"教学改革"为"学教改革"，这才更符合规律。把激发学生内在动力的"学"抓实了，"教"就好办得多，效果也好得多。

十四、当前与长远

十年树木，百年树人。办学校、当校长、做老师，要有前人栽树、后人乘凉的胸怀和境界，以"功成不必在我"的信念潜心育人。特别是面向教育现代化，面向 10 年、20 年之后，我们的党需要什么样的接班人，我们的国家需要什么样的人才，经济社会特别是科技发展达到了什么程度，教育工作者对这些问题都要有清晰的研判和分析，要通过类似这样的"终点思考"，为学生的终生幸福和发展奠基，而不是仅仅着眼于当前、着眼于一时一事。同时还要引领家长和社会放平心态，面向未来，对教育改革给予充分的宽容和足够的耐心。

十五、人的成长与事业发展

校长、教师是最需要不断学习、终身学习的职业。因此，教育治理需要倡导人与事业共成长的鲜明导向，坚持先人后事、以人为本，坚持人事相宜、人岗相适，坚持严管与厚爱并重、放权与赋能并举。其中，校长是关键，校长敏而好学、温文尔雅，才能让教师学习、反思、总结、提高，校长热爱阅读、有书卷气，才能引领学校建设书香校园。在当下日新月异的时代，教师单靠"一桶水"已经远远不能满足教学的需要。这就要求教师要时时保持学习的心态，拥有整个知识海洋的源头活水。从"学习是为了工作"到"工作是为了学习"的认知转变，对教育行业来讲尤为重要，应当先行一步。

十六、形式与形式主义

教育离不开形式，也就是现在所说的仪式感，但过于追求外在形式，脱离教育本质，就会走向形式主义。毕竟，内生动力决定教育生态。学生的内生动力强，学习效果好；教师的内生动力强，教学效果好。弄清内生动力在哪里、从哪里来找、靠什么来积累是关键。要想搞好形式、设计形式，同时又避免形式主义，就要更加注重创造性转化、创新性发展，把上级要求与师生需求有机结合，转化成内在动力，而不是照搬照抄，加重师生负担，搞成人人埋怨的形式主义。

十七、行政与行政化

行政是必需的，是业务的支撑。但行政是为业务服务的，不能主导业务，不能决定事业发展走向，也不能与教育规律和师生需求相悖。过于强调行政手段、行政方式，或者强化行政导向，就会让教育走向行政化，不可避免地导致人浮于事、效率低下、心气不足。最好的状态是，认识到行政和业务是教育治理的两个有机组成部分，都是为了更好地落实立德树人根本任务，更好地落实"教师第一、学生中心"的治校育人理念，把行政和业务有机统一起来，要行政，但不要行政化。

十八、制度与机制

改到深处是制度，要把改革落到实处，须从制度的变革起步。制度不在多、不在杂，关键在精准发力、管用有用。从当前来看，有效制度供给不足是制约教育治理成效的关键。推进制度"立、改、废"，要有系统思维，加强各项制度之间的融合、耦合，使其上升为机制，最终成为行业和学校文化，内化为师生行动自觉。机制更多体现在结构变革上，用结构变革引发机制创新，随之修订制度体系。制度也好，机制也罢，关键在于师生的认同度、信任度，根本在于可执行、能执行到位，并且需要与时俱进，发挥长效作用，涵养良好教育生态。

十九、技术与理念

技术革新至关重要，事关未来教育改革发展的方向。技术对现实教育的冲击不容忽视、不可低估，同样，技术的进步，对教育的支持和服务也会向更大范围、更宽领域、更深层次拓展，需要有国际化、开放化思维，主动拥抱技术革新。当然，教育理念的现代化同样重要，要与技术创新同频、与数字化和人工智能结合、与经济社会发展共振，但也要有定力，有正确的预判与认知，守住初心与使命。虽然技术革新对一些行业的冲击很大，但对教师职业的替代率是很低的。尽管办学理念、教学育人理念、学生成长理念和教学技术、方式方法等都需要随之更新，但根本的教育规律和人的成长规律没有变，也不会变。

二十、管理与治理

从传统意义上看，管理更讲求控制、讲求效率、讲求执行和服从，突出的是上对下、层级制，更多以行政命令、制度要求、督查考核等来推进工作，外显负面状态就是以文件传达文件、以会议落实会议，甚至层层加码，出台各种规定干扰学校和师生的正常教学活动。治理讲求价值认同、多元参与、民主协商、上下一致、各方合力，扁平化推进，强调在决策、执行、监督和评价的各个主体之间求得最大公约数，把对上负责与对下负责融为一体，把上级要办的事变为大家的事，把上级要求变为大家的行动自觉，强化学校、校长、教师、学生和家长、社会的主人翁意识。加快构建现代教育治理体系，急需实现由管理向治理的转变。

第二讲 | 治理之法：需要把握的七个管理法则

　　教育管理是柔性管理，以凝聚人心、激发育人动力为导向，必须坚持先人后事的原则。在加快建设高质量教育体系的时代背景下，作为教育管理者，总体上应当掌握好目标管理、清单管理、项目管理、协商管理、底线管理、风险管理、价值管理七个管理法则。

一、目标管理法

　　无论做什么事情，首先要确定目标，然后基于目标达成来打开局面、推动工作。

　　有了目标的一致性，才有行动的一致性。比如，每所学校都有很多不同的教师，他们处于不同的年龄阶段，拥有迥异的从业经历和个性特点。有效地推动教师的教育教学工作必须把学校的办学目标、发展方向与教师的目标和发展方向有机地结合起来。

　　设定目标需要遵循哪些原则？一是科学性。目标的设定要符合教育规律、学生成长规律和育人实际。二是动态性。目标不是一成不变的，需要根据政策要求、学校的办学实际和师生诉求等及时予以调整。当然，目标也不能频繁变化，而应当遵循渐进的原则。三是可预测。目标的设定能够让全体教师预测或估计到未来何时能够实现这一目标。学校在制定目标时，既要能够对这一目标的未来发展进行预测，也要相信在未来的一段时间内能够实现这一目标，这样的目标才是行之有效的。

制定育人目标要避免哪些误区？总体来讲，就是"大、全、空、高"。一是过于大。实际上，每位教育工作者都有自己的育人目标。如果这些目标过于宏大，就难以落地、难以预测，这样的目标是徒劳的、无效的，很难调动师生的内在动力。二是过于全。学校对师生所要达成的目标要求过于全面系统、面面俱到，往往很难得到师生的认同。三是过于空。有的学校在制定育人目标时，只是从政策文件、专家讲座、各类文章中简单摘抄内容，没有和本校的治校育人实际结合起来。四是过于高。学校制定的育人目标不接地气，让师生感觉离现实教育教学太远，与自身实际能力水平差距过大，难以实现，也就自然难以带动师生的积极性。所以，育人目标的制定要重视并解决好"大、全、空、高"的问题。

学校的育人目标如何与师生的目标结合起来？教师的目标一般可分为两部分：一是教书育人的目标，二是自身成长的目标。把学校目标和教师目标结合起来，关键是要尊重教师、正视教师的需求。只有把教师所关心关注的问题解决好，才能实现学校目标和教师目标的有机结合。学生的目标要求概括起来就是两方面：一是合格，二是特长。学校要坚持以学生为中心，关注每位学生的成长变化，把学生培养成一个能够掌握基础知识、具备基本能力、具有正确情感态度与价值观的各方面合格的学生。在此基础上，结合每位学生的特质，充分挖掘并培养他们的个性特长。

二、清单管理法

明确了目标，就要一条一条列出任务清单来具体实施。

清单管理是一种工作方式，更是一种思维习惯。有些工作是可预见的，有些工作是不可预见的，要把这些工作按照重要或者不重要、紧急或者不紧急分出层次，再依次规划做或者不做、先做或者后做。把一段时间的工作清单列出来后，就可以分别放入以下四个象限中：重要不紧急的是涉及学校长远发展的一些大事、要事，应当由书记、校长亲自去做；紧急且重要的事，可以交给分管的副校长去处理；紧急但不重要的事，可以交给中层干部去做；不紧急不重要的事，可以由一般职员去做。这里并不是说把任务简单地摊派给这四类人来做，而是说这些人应该更多地承担这类工作。对书记、校长而言，应该持续用心地去做重要但不紧急的工作。

任何事项都能够以清单方式呈现，特别是教学事件。例如，学情分析清单可以从以下十个方面来制定，包括家庭特征、学习履历、性格特征、思维方式、学习方法、阅读基础、同伴关系、师生关系、课业成绩和身心状况。在此基础上还可以研制继续深化的清单。比如家庭特征可进一步细化分析学生的家庭亲子关系、家庭氛围、家境状况，父母的爱好特长、职业岗位与变化以及与其关系紧密的亲朋好友的特点等方面。探究式学习清单可以按照以下五个步骤来制定：一是形成假设，二是收集证据，三是得出结论，四是反思最初问题，五是思考全过程。

清单是为了解放，而不是为了约束。教育工作者内心一定要清楚，我们制定的各项清单，是为了让师生明确任务边界、节点和进度，而不是为了束缚手脚。

三、项目管理法

没有完美的个人，只有完美的团队。在目标管理、清单管理的基础上，对一些重大事项，需要团队分工配合、协同推进，这就需要采取项目管理的方式。

项目从哪里来？项目大致可分为教育政策的创造性转化落地、协力突破解决的问题、共同参与的教学育人事项、有预期成效的教科研项目、学校质量提升和品牌创新五个方面。以潍坊第一中学的重点项目清单为例，2022—2023 学年，学校确立了 20 个项目，包括教师幸福感责任感使命感提升工程、教学质量及名生培育大幅提升工程、推动学校内部治理体系的转型优化、课程课堂效能改进行动等。这些项目既是学校一学年的工作重点，也是下一步发展的方向，需要全体教职工参与推动并监督评价。

项目组如何组建？首先，项目组的建设要实行扁平化的运行机制。谁对这项工作最熟悉，谁就最有发言权；谁最有想法、最有积极性，谁就担任这个项目的组织者。其次，项目组的建设要坚持专业化的发展要求。简单来说，就是要让专业的人干专业的事。最后，项目组需要领导力强的人来牵头实施，项目组组长应有足够的领导力和组织力，能够调动起项目组成员的积极性。

项目如何运行？一是参与化。项目要想达成预定成效，根本在于项目组成员的全员参与、深度参与。二是长效化。项目指向重点和难点工作，实施周期不能太短。原则上，如果一个项目的周期短于一个学期，那么就没必要去设立，而是应作为一个阶段的重点工作来实施。三是过程化。对项目实施过程中的标志性成果应及时总结、推荐共享。四是动态化。一些项目在实施过程中会遇到各种各样的问题，或者发生了政策变动等，应及时进行动态调整。

项目如何评价？教育教学类项目专业性强，应当由专业的第三方力量对实施成效进行评价并给予诊断指导。在评价过程中，应运用好数字化手段。项目评价结果应当与激励机制相挂钩，调动起项目组成员参与项目的积极性。例如，学校层面的跨学科主题教学可以通过组建一个项目组来推进。具体可分为以下步骤：第一步，研究弄清上级要求和各学科育人导向；第二步，进行学情和教情会商，分析透不同学科的学生学情和教师教情；第三步，聘请该领域的教研员和有经验的资深教师担任项目组专家；第四步，结合各学科特点进行总体设计，包括课后服务以及跨学科、跨学段的教研等方面，研究如何开展跨学科育人活动；第五步，建立配套保障机制，除相应的资源保障之外，还有制度机制保障；第六步，列出项目实施的具体任务清单、时间节点和成果清单；第七步，制定评价办法和项目运行机制。

总之，项目围绕目标设、任务按照清单制、资源跟着项目走、评价基于结果定，通过项目管理凝聚各方智慧和力量，齐心协力解决治校育人过程中遇到的大事、难事。

四、协商管理法

协商管理是教育管理和学校管理的一种基本方式。建立学校协商沟通清单，大致要考虑干部之间、干群之间、教师之间、师生之间、生生之间、家校之间和校社之间七类协商关系。

干部之间的协商是"关键少数"的协商，方式、过程和结果都很重要，因为这是一所学校发展的关键变量。干群之间是最容易发生误解的一种关系，协商的关键在于换位思考、将心比心。作为干部，应该主动把重担往自己肩上挑，减轻教师压力，通过尊重教师赢得教师的尊重。教师之间的协商主要靠营造良好的文化环境，倡导大气包容、相互理解、积极配合的和谐关系，构建愉悦的工作氛围。"亲其师，信其道"是良好师生关系的最好阐释，这需要日积月累的积淀。教师要以为人父母之心行为人师表之实，与学生交往时常思常想"假如是我的孩子""假如我是个孩子"。同伴之间的良性互动对培养孩子的合作能力、职业能力很有益处。教师、家长应当有意识地引导孩子学会调适同学之间的关系。家校共育是家庭、学校朝着共同的目标培育孩子。家长作为"五育融合"的协同者、深化教学改革的促进者，要与学校紧密合作，双方做到"心往一处想、智往一处谋、劲往一处使"。学校与社会之间，主要是营造氛围、赢得认同、盘活资源、解决问题。当前，还是应发挥好学校的积极作用，凝聚社区资源，让社区、社会成为立德树人的大课堂。

协商管理取得预期成效的关键在于相互认同与尊重，其前提是充分了解协商对象。例如教师与家长沟通协商，就应充分了解学生的当前发展状况、学生所在家庭的基本情况、学生家长的个性特征及对教育的认知基础等，选取最合适的协商方式，否则可能事倍功半。

五、底线管理法

为人处事有底线，教书育人更要明底线、守底线。底线管理的实施主要靠制度、机制和文化，制度管底线、机制倡高线、文化创氛围，三者缺一不可。

强化底线思维，要实现从"一俊遮百丑"到"一丑遮百俊"的认知转变。无论办学育人取得多么突出的成就，一旦出现突破底线的问题，都将会掩盖住之前的付出和贡献。

从个人层面来看，师德师风问题、意识形态问题是底线；从教育过程来看，每个育人事件处理不当都可能引发后续问题，做到依法治教、依法执教是底线；从社会视角来看，教育工作者的一举一动都在"聚光灯"下，都在社会监督之中，经得住考验是底线。那么，该如何实施底线管理呢？

以教师为例，我们给教师列出清晰具体的从教底线清单，即负面清单，清楚明了地规定了哪些行为是不允许的，以便教师执行。突破这份清单底线的，师德考核不合格。师德考核不合格，就会影响职称竞聘、评优树先等涉及切身利益的事项。这种与利益相关的制度设计，能够保障底线管理的有力实施。类似的制度，学校层面可以按照"一校一方案"来细化执行。

比如，学校设计制定了教师的评优树先底线清单，把认真备课、同行评议、学生评议以及积极参与教研教改、家校沟通等作为底线进行管理。教师想要参评各类评优表彰事项，对照清单先进行自检，合格者方可申报。这就将底线管理有效嵌入到了教师管理中。

再如，规范办学是一条底线。哪些行为是不规范的？如何来监管？如果按照传统的群众举报、主管部门查处的方式，既费时费力又难以见效。潍坊市的做法是，全方位梳理出各个领域的办学行为底线清单。每所学校在各自的公众号上公布"教育惠民一码通"，公开接受社会监督，回应家长诉求。用这种划清底线、公开监督、社会参与的方式，能够有效解决学校办学行为不规范的问题。划出明确的底线是有效实施管理的前提。

六、风险管理法

总体来讲，教育领域的风险可分为两类：一类是可预设的常规事项，比如意识形态、安全稳定、师德师风建设等，这些一般都有风险预案；另一类是突发事项，就是不可控的、意外发生的事情。

任何一项工作都可能引发风险，在开展工作时应首先研判到位。以潍坊市为例，任何改革项目在启动实施之前，都有一个研判风险的集体会商活动——"众筹智慧"。比如新中考改革涉及学生的切身利益，如何顺利推进？首先要将改革项目逐条研判，各个层面的利益相关者逐一进行风险预判，最后制定应对举措，汇总后建立台账。再比如教师培训，在实施之前，对参训教师情况、拟聘专家情况、专家授课内容、培训期间管理、食宿交通安全等各个方面，由培训组织者、参训人员代表等集中研讨风险点，提前考虑应对策略。

面对各类风险，应当如何处置？一要有领导机制，解决好风险发生时的高效指挥、协同一致的问题。二要有专业团队，解决好科学研判、合理合法处置的问题。三要有社会参与，解决好社会和家长的认同、理解问题。四要有联动机制，解决好风险发生后跟谁对接、向谁汇报、听谁指示等问题。总之，风险管理应当做到"目标装在心中，功夫下在平常"。

值得注意的是，教育领域的风险防范需要突出舆情风险防控。负面舆情并不可怕，关键是要应对有方，不能引发次生舆情危机。做好舆情应对，更多的是要面向社会开诚布公，提前将各项工作主动向社会公开，接受各方监督。从实践层面看，越是藏着掖着，越容易出问题；越是公开透明，越风清气正。

有效实施风险管理应动员各方力量，对教育、学校管理中可能发生的风险进行梳理，建立台账，并研制科学有效的风险预案。从学校层面讲，风险预案不在多，关键在合法合规、有效有用。在安全生产处置领域有句话叫作"隐患就是事故"，这也应作为学校实施风险管理的基本认知，即在日常工作中，做到及时发现风险点、隐患点，而不是等事件发生后再去考虑如何应对。笔者在潍坊中学任职时，开展了每月面向全体师生、家长公开征集风险点、隐患点和创新点活动，对征集出的"好点子"，授予风险管理金点子奖，以此来引导广大教职工、家长关注学校安全，发现各类风险并提前处置。

七、价值管理法

价值管理是通过共同价值观的寻找和确立来实施，旨在激发内在动力的管理方式。

价值管理的前提是确立团队的共同价值观。每一个团队都有其共同的价值观。潍坊教育倡导的共同价值观有以下三点：一是"以改革的办法解决发展中遇到的问题"；二是"尊重校长，善待教师，心系学生"；三是

"以为人父母之心行为人师表之实"。共同价值观确立之后，就需要用其来指导、引领、谋划、推动各项工作。例如，针对个别教师评上高级职称之后出现的上课不积极、不认真等问题，按照改革思维建立起教师评审高级职称的评前承诺制度，即教师参评高级职称，首先应向全体教师承诺，评审通过后会严格按标准完成所承担的教学课时量和日常工作量，否则降为中级职称。再如，很多学校都会悬挂诸如"严禁教师从事有偿家教"等警示语，潍坊第一中学悬挂的则是"以为人父母之心行为人师表之实"。这种正向激励的标语，教师更易被影响，也更认同。

日常教学活动强调以学生为中心、以学习者为中心，在这一价值观的引导下，该如何对教师实施评价？首先，要关注教师的师德师风，进行底线监管和高线引导；其次，要关注教师的课堂师生关系和目标达成；再次，要关注学生的反馈以及提升情况、教育活动的开展情况；最后，还应当关注家校沟通情况、教师的领导力情况等。这种新的教师评价办法就是价值管理的具体体现。

最好的价值管理是领导者的亲身示范，有效实施价值管理，离不开团队负责人，特别是书记、校长的示范引领。当然，价值管理需要基于每所学校的实践来实施。价值管理的理念体现在哪里？诸如办学章程、行动纲要以及学校的"三风一训"等，都是有效阵地。特别是在数字化时代，有效实施价值管理，领导者的抗压力、判断力、统筹力、表达力、学习力就显得愈发重要。

综上而论，教育工作者应如何从总体上来把握教育管理？可以从宏观、中观、微观三个层面来看待。从宏观上看，区域教育治理讲求活力，主要靠生态营造和文化浸润；从中观上看，学校运行讲求效力，主要靠机制保障和评价引领；从微观上看，师生成长讲求动力，主要靠制度供给和内在激发。笔者所述这七个管理法则，都是基于以上三个层面的日常实践，不断思考总结而来的。但是教育管理的"道"和"术"，需要与具体的人和事相结合，值得每一位教育人常态化地去研究、梳理。无论何种教育管理方式，都应明确活力是放出来的、动力是评出来的、能力是练出来的、底线是管出来的、状态是带出来的、成绩是干出来的，终归还是要靠务实有效的躬身耕耘。只有干在实处，才能走在前列。

第三讲 | 治理之路：需要不断修炼的七项能力

毛泽东同志曾讲："政治路线确定之后，干部就是决定的因素。"从新时代教育改革发展来看，校长是教育系统最核心的干部，一位好校长，就是一所好学校。锻造新时代校长队伍，关键是靠好的机制引领发展、好的土壤培育生长。潍坊市基于多年的探索实践，对新时代校长提出了从严治党、现代治理、团队建设、课程领导、盘活资源、改革创新、自我发展七个方面的能力要求，激励其"修炼内功"、提升本领，实现高素质专业化成长。

一、从严治党

从严治党的第一要义就是贯彻党的教育方针，落实党组织领导的校长负责制，提高校长履行全面从严治党的能力水平。校长不仅要对学校的教育教学及日常事务管理负责，还要能够比较全面地掌握党史、国史、军史，明确政治、思想、组织、作风、纪律、制度建设要求，熟悉党建、干部、人才等政策。对于基层学校来讲，加强学校党的建设很重要的一环就是要做好思想政治工作，在抓党建促教学、抓党建聚人心上做文章。还要加强党支部和党员队伍建设，对党员做到教育党员、管理党员、监督党员，对群众做到宣传党的政策、党的方针、党的要求，引导他们积极地向党靠拢，这是学校党组织的重要职责。

中小学校党的建设应该抓什么？应该怎么抓？总结起来就是抓好"三个层面"，找准"五个着力点"。

第一，抓好"三个层面"。一是阵地建设。潍坊的经验是实施红色堡垒、红烛先锋、红心向党的"三红工程"，推动红色教育进教材、进课堂、进头脑、进综合素质评价，使红色基因扎根落地。积极探索适合学生需求的教育方式，以喜闻乐见、常见常用的形式开展党建工作，真正做到入脑入心，引导青年教师、学生立志听党话、跟党走。二是制度创新。加强中小学校党建工作，要坚持抓落实、促规范、建机制，发挥制度治党优势，构建一整套符合基层党建要求、贴合学校实际、广受党员认可的制度体系。通过建立党建重大事项专项报告、重大事项党组织集体研究前置、党建重点项目行动研究、党建重点课题、月度优秀共产党员评选、青年党员教师先锋岗等系列制度，创新性激励每一名共产党员的积极性。三是党建育人。中小学校党建工作要坚持在育人上下功夫、做文章，出发点和落脚点都要落在推动教育改革发展、落实立德树人根本任务上。在具体工作开展中，要把党建与推动学校改革创新、推动师生成长成才结合起来通盘考虑，与教师、学生、家长和社会的需求紧密联系，与党员干部队伍自身建设同步推进，使党建工作渗透到思想政治建设、意识形态工作、人才培养、教育教学改革等全过程中，确保学校各项改革创新举措符合教育规律和人才成长规律。

第二，找准"五个着力点"。关键是树立党建思维。在开展党建工作过程中，要主动发挥党的政治优势，运用党建思维谋划各项工作，用行之有效的党建方式方法推进改革，从而起到党组织统筹全局、协调各方的统领作用。在具体工作中，善用党建思维，把握好党的领导，加强党的建设，切实把党建工作落到实处。核心是抓党建促教学。在教育教学工作中，要发挥党建统领作用，将党建全方位融入业务，融入改革。坚持党建与教育教学"两手抓、两手硬、两促进",紧密围绕教育教学中心任务开展党建工作,切实做好党建与教育教学结合的文章,实现党建工作与教学中心工作深度融合、共同发展、相互促进。载体是建强党支部。抓实中小学校党建工作,要在打造过硬支部上下狠功夫、硬功夫,夯实中小学党建工作的根基。至少应建好三个支部,一是年级的行政支部,二是育人团队的育人支部,三是教研支部。通过制定中小学校过硬党支部标准条件、支部书记任职资格标准,把党支部打造成为"政治坚定、团结有力、担当尽责、群众信任"的过硬支部。要害是调动教师积极性。要围绕相信人、尊重人、激励人、成就人来抓党建、建制度、观实效,完善党员教职工岗位激励机制,引导党员教职工亮身份、做承诺。要发挥好青年党员教师和学科骨干教师的先锋模范和辐射带动作用,加强青年教师的党性教育,提升青年教师的业务能力,努力打造一支"四有"青年教师队伍,确保党的建设后继有人。目的是增强执行力。创新加强中小学校党的建设,要构建起规范有序、运转高效、持续改进的党建工作制度体系,解决效率不高、执行力不强的问题。发挥学校党组织的领导核心作用,确保决策科学、执行有力,凝聚力、向心力不断增强,为办好人民满意的教育提供坚强的组织保证。

二、现代治理

1999年,第三次全国教育工作会议之后,中共中央、国务院出台《关于深化教育改革全面推进素质教育的决定》,提出要建设现代学校制度。2010年,第四次全国教育工作会议之后,中共中央、国务院印发《国家中长期教育改革和发展规划纲要(2010—2020年)》,大篇幅描述了建设现代学校的制度要求。党的十九届五中全会提出治理体系、治理能力现代化。全国教育大会提出,建设教育强国,要处理好规范有序和激发活力的关系。在实践中,现代治理和现代学校制度可以总结为四个关键词:

决策、执行、监督、评价。

　　首先，要想清楚决策什么、怎么决策、谁来决策。可以通过制定校长决策清单的方式，明确哪些事务需要决策，再去考虑怎么决策、谁来决策的问题。学校决策要遵循"专业为王"的原则，让最了解这件事的人、专业水平最高的人来决策。哪些事项需要由教职工民主决策，也应当以清单方式列明并公示，明确校长和教职工民主治校的权责边界。既不能让所有决策都由校长一手包办，也不能把所有决策以民主治校的名义一股脑儿推给教师。以清单的方式把权责厘清，让权责归位，既是人岗相适的体现，也是推进依法自主办学的目标所在。

　　其次，要想清楚谁来执行、怎么执行。一是扁平化，也就是讲求信息传递的速度和真实度，提高执行力；二是项目式，将由上到下的"线性管理"转变为"模块化管理"，基于完成某一任务的需求组建团队，让最适合的人来执行；三是分权制，不再设立单一的决策执行机构，而是根据具体情况开展具体事务。

　　再次，要想清楚监督什么、谁来监督、谁来监督监督者。有权力就有责任，行使权力就需要跟进监督，这是制度机制设计的基本原则。从一所学校的角度来讲，事事都牵涉育人，看似很小，影响却很大；从教师的关切角度来讲，"人事无小事、事事牵众心"；从学生的关切角度来讲，每个孩子背后都是一个家庭，事关师生利益的事项都需要接受监督。可以发挥学校党组织监督和保障作用，还可以用好全体教职工 85% 以上满意度通过、公开公示、100% 知晓度等民主监督机制；同时，可以通过学校教代会和学生家长委员会参与监督，对学校治理起到强有力的监督作用。

　　最后，要想清楚评价什么、谁来评价、结果怎么用。评价是工作导向。学校发展有没有动力，教职工成长有没有动力，关键看评价机制。如何用正确的评价来激发内在动力，是教育管理者应当常思常想的一项重要工作。应将评价贯穿工作立项、推进全过程，而不单单是在工作结束后实施评价。要强化专业评价和师生、家长等利益相关者参与的多元评价，综合用好结果评价、过程评价、增值评价和综合评价，通过评价调动和凝聚起方方面面的积极性和主动性。

实现学校治理体系变革，推进现代治理，要处理好四个方面的关系。一是党组织的领导核心是前提。坚持党组织的领导核心地位，才能保障党的教育方针贯彻落实，但它绝不是校长负责制的替代品。落实党组织领导的校长负责制，很重要的就是建立党组织研究前置制度，让学校党组织成为学校的领导核心。二是社会广泛有序参与。完善学校治理体系，保证家长和社会的知情权、参与权、监督权和表达权。一方面，强化与家长的沟通，增强按教育规律育人的家校一致性。另一方面，强化与社区的合作。学校不仅要服务学生，还要服务社区居民，并争取社区更大支持。三是教职工民主治校。推进学校依法自主办学，应当构建起教职工民主治校的运行机制，让教师广泛参与学校决策、执行、监督、评价的各个环节。同时要注意，推进教职工民主治校，必须与落实教育政策、尊重教育规律、保证办学方向等根本要求相一致。四是校长负责制有效落实。中小学实行党组织领导的校长负责制，校长作为学校的法人代表，具有统筹学校资源、推进改革发展的职责，主要体现在学校发展规划制定实施以及人事、财务管理等方面。要保障校长自主办学、专家办学的权力，实现权责一致、管办分开，搭建起校长职业化专业化发展的平台，依靠专家办学的制度优势，不断提高办学质量。

基于多年探索实践，潍坊市围绕发挥党组织领导核心作用，制定并实施学校办学章程，建立完善教代会、家委会、校务委员会、学校理事会"四会一核心一章程"的学校内部治理体系，构建起民主、公开、高效的校内运行机制。

一是加强党组织的领导核心作用。在推进依法自主办学、优化学校运行机制的过程中，党组织的领导核心作用只能加强，不能削弱，要确保党的领导特色更加鲜明。要牢固树立"抓好党建是最大的政绩"理念，充分发挥学校党组织领导核心作用，参与决策、推动发展、监督保障。定期研究推进创新教育，提供更多要素保障，把创新教育嵌入治校办学各项工作全链条中去，形成齐抓共管又各司其职的格局。

二是丰富完善办学章程。章程是依法自主办学的"法"，起到统领作用。章程的制定要把握好三个维度。一要明确办学理念和价值追求。要着眼于落实立德树人、践行社会主义核心价值观、优化学校内部治理体系等方面政策要求；突出人才强教，努力调动教师积极性，引导教师积极参与学校治理，充分落实教师的主人翁地位；坚持以学生为本，为学生提供适合的、可选择的教育。二要明确各方权责。合理界定学校、校长、教师、学生和家长的权利、义务，既不能只分权、不担责，也不能只追责、不授权，要实现权责一致，让最了解信息的层面做决策。三要明确组织结构和运行机制。明确学校各类机构设置和岗位配置，在决策、执行、监督、评价等各个环节，都明确相应的运行机制。章程的修订和完善是一项永不竣工的工程，关键在于认同、执行、坚守、创新。

三是组建校务委员会。学校实行校长负责制，要设立由校长主持的、人员精简的、有威信的校务委员会，作为校内事务的审议机构。校务委员会由校长、副校级干部和有关部门的负责人组成，也可邀请家长代表参加，具体负责校内日常事务的决策和执行，研究提请教代会表决的事项等。一般由内设部门就有关事项提出议题，学校领导班子集体研究，采取民主集中制方式决策。校务委员会采取审议制，当无法达成一致意见时，校长具有最终决定权。校务委员会的具体组成形式和运行机制，特别是校务委员的选举和管理机制，原则上应由学校自主实施。

四是成立学校理事会。学校理事会作为社会及政府有关部门有序参与学校治理的常设机构，参与学校重大政策的监督，协助有关具体问题的解决。理事会的参与人员，既有政府有关部门成员，又有学校领导班子成员，还有教师、学生和家长代表，以及学校服务范畴内的社区代表、教育专家代表等。通过建立中小学学校理事会制度，让社会广泛参与学校治理，充分发挥其在学校决策、执行中的监督保障作用。通过引入第三方专业评价力量，确保对学校、校长、教育评价的专业性、公平性和权威性。

五是组织教职工代表大会。学校教职工代表大会是教职工依法参与学校民主管理和监督的基本形式，应当遵守学校规章制度。教职工代表大会以教师为本，承载着维护教职工权益、实现校内民主管理、民主监督、民主决策的重要职责，应当建立起常态化的运行机制。所有涉及学校重大决策、教师职业发展等事项，必须经过教代会的审议、表决，通过后方可实施。教职工代表大会在维护学校"稳中求进"的发展中起着重要的作用，也是体现民主、公开的重要途径。

六是办好家长委员会。家长委员会主要承担家校融合沟通、凝聚家校合力等重要职责，是家长需求有序表达、家长有序参与学校事务的平台，主要参与与学生工作相关的事项，如行为规范、食堂宿舍保障、校服选用等。家委会提出的意见，学校有关部门必须及时听取、随时协商，并做出回应。办好家长委员会很重要的是抓好家庭教育，学会引导家长的合理预期，让家长理解两件事：一是教育受制于经济社会发展水平，人人期待的教育和现实之间只能求一个最大公约数；二是明确有教无类、因材施教、终身学习等教育观念，让家长明白适合的教育才是最好的教育，孩子的健康成长才是最大的幸福。

三、团队建设

加强学校团队建设，关键在于教师队伍建设，要通过大力弘扬教育家精神，努力培养和造就一支师德高尚、业务精湛、结构合理、充满活力的高素质专业化教师队伍。作为一名校长，要熟悉教师队伍建设的政策，对师德师能建设、校本教研、职称评聘、评优树先、绩效激励等有见解、有措施，善于调动教师的工作积极性，从而真正实现学校的事情学校说了算，教师的事情教师商量着办。

团队建设最重要的是坚持先人后事，把相信人、尊重人、激励人、成就人的价值导向落到实处。一是相信人。要相信每一个人，相信每一个人都是人心向善的，每一个人都能成就一番事业，这体现着管理者的格局、境界、包容。二是尊重人。要发自内心地尊重每一个人，要坚持善待教师的原则，以发展教师、成就教师为目的推进改革取得实效。三是激励人。围绕物质激励、情感激励、制度激励和文化激励四个层面，调动教师立足本职岗位、潜心教书育人、落实立德树人的积极性、主动性，激发教师的从教热情，引导教师主动承担起为党育人、为国育才的时代使命。四是成就人。倡导人与事业共成长的鲜明导向，坚持先人后事、以人为本，坚持人事相宜、人岗相适，坚持严管与厚爱并重、放权与赋能并举，让每一位教师找到最合适的岗位，走上属于自己的成长跑道。

邓小平同志曾讲"调动积极性，权力下放是最主要的内容"，这主要是对于政府有关部门，尤其是教育行政机关而言。学校同样拥有很多权力，如评价权、管理权、服务权等。要调动学校的积极性，实现权力下放就是主要途径。团队建设重在为教师服务，成就教师。潍坊的经验是真心实意地依靠教师、解放教师。解放才是最好的尊重。

四、课程领导

作为学校的校长，对教育规律和学生的成长规律要有深入的研究，对课程开发和实施要有总体的把握。为什么强调总体的把握？因为校长是管理者，不是课程研发者，要做到对课程有总体把握，明确其设计、发展方向，而不一定要亲自去开发校本课程。要正确处理知识学习与实践体验、校内学习与社会锻炼、课堂学习与课外活动的关系，在贯通育人体系、推进学科融合上下功夫，这也是未来学校的核心增长点。要回归学生身心发展规律和教育规律，真正做到立德树人。

首先，要正确认识课程，明确课程领导力的关键是培养课程意识，打造由课程结构、课程标准、课程内容、课程实施、课程评价等构成的完整链条，帮助学生获得知识、培养技能、塑造人格、适应社会。其次，校长的课程领导力主要体现在五个方面：一是课程方面，做到开齐开全，特别要保障开好音体美、通用技术课程，落实德智体美劳"五育融合"要求，创新优化课程的二次开发，丰富校本课程。二是课堂方面，能够引导教师自主、高效合作，不断优化课堂生态，先学后教，降低作业量，避免模式化问题。三是教研方面，组建专业化的教改团队，让教师能够参与课程改革探索及研讨，从而在去粗取精中缔造最适合学生的多样化课程结构和课堂管理模式。四是教师方面，引领提升教师专业化水平，调动教师研究、反思、开发课程的积极性，并对其进行评价、诊断，而绝不是创造某种模式、包办某一学科、亲自进行课堂示范、将全部的精力放在某一门课程上。五是治理体系方面，这是课程领导力提升的保障。推进依法自主办学，落实学校办学自主权，这种自主权不是停在学校层面，不是抓在校长手里，而是随着教师专业水平的提高，逐步还给教师，让教师有更多的教学自主权。

五、盘活资源

优秀校长很重要的一项能力就是盘活资源。如何在常态环境下，为学校、教师和学生争取更多资源，是考量一位校长是不是有情怀、敢担当、有作为的好校长的标准之一。作为校长，要对社会依法有序参与办学有正确的认识，把服务社会（社区）作为学校的重要功能，勇于承担社会责任。要把合作共赢、开放发展作为学校对外关系准则，积极开展校内外合作与交流。要真正树立"学习社区"的理念，把学校放在社区范围内、家长视角中，凝聚起学校、家庭和社会合力，在"心往一处想"的基础上实现"劲往一处使"，推动学校教育、家庭教育和社会教育有机融合，形成人人可学、时时可学、处处可学的生动局面。

一方面，有心的校长资源多。一是善于挖掘来自体系、系统、机制、结合文章、转化文章等不同方面的不同资源，用好用活校内校外资源，丰富学校发展的力量来源。二是积极借助平台、载体、项目，遵循规律，通过自身专业素养来争取资源。习近平总书记讲"打铁还需自身硬"，想要更多的资源，还是要自身本领硬。三是盘活资源，用于学生。从地域实践情况来看，一座城市核心区最大的问题就是学校办学资源紧张，学校改扩建没有空间，学校教室短缺，学生就学压力大，学位紧张，需要校长最大限度地调动各方资源，切实保障每一名孩子都有学上、上好学。

另一方面，学校是众筹的学校。积极引导社会参与办学，统筹校内校外两种资源，调动两种资源的积极性，是校长必备的素质能力。这主要表现在三个方面：一是社会参与评价。建立办学满意度评价制度，定期组织学生、家长对学校办学、育人成效等进行评价。同时，在评价学校和校长业绩时，引入第三方专家团队进行评价，用专家评价专家，用同行评价同行。二是社会支持教育。通过家委会、学校理事会等制度，调动社会支持教育，群策群力，主动帮助学校解决遇到的困难与问题。三是社会参与决策。通过听证会、咨询会、研讨会等，广泛收集社会知名人士、群众代表、教育专家等的意见和建议，作为决策依据，避免学校决策出现偏差、误差。

六、改革创新

改革创新是有价值追求的。对于学校来讲，改革创新应以学生发展为中心，坚持问题导向，带领广大教师创造适合学生成长的教育模式，通过制度机制实现"公平对待每一位学生、促进每一位学生健康成长"的价值追求。这句话的关键词是"公平"和"每一位"，让每一位学生都能够健康成长，才是最大的公平。

第一，坚持以学生发展为中心。怎么做才是好老师？怎么做才是好班主任？怎么做到以学生为中心？我们曾经做过大样本调查问卷，学生的回答是：老师、班主任会活跃气氛但知道如何保持秩序，使课程有趣并能够联系外部世界，能够公平对待每位学生，不对学生大声喊叫，不做比较（比如其他班更好），遇到问题能够耐心解释，不放弃学生。推进改革创新，要以创造适合每一位学生健康成长的教育为目标，全面建立和不断优化以学生为中心的治理架构，把学校资源配置、制度运行等真正转向以学生为本，体现立德树人，体现学生立场。

第二，坚持导向公平。教育、学校是保障公平的事业，真正的教育公平不是一样的出发点、起跑线，差异化公平才是公平的最高境界。潍坊市推行校长职级制改革、教师职称评聘改革、教师管理体制改革、综合素质评价改革等系列创新机制，着眼于促进每一个孩子自由、健康、全面发展，推动实现差异化公平，切实调动校长的办学积极性和教师的教学积极性。

第三，坚持保持定力。改革要有定力，校长推进改革要保持政治定力和战略定力。坚持目标导向和问题导向，严格遵循党的教育方针、国家法律法规、教育教学规律和人的成长规律，敢于坚持真理，做到公平公正，不因人废言废事，不朝令夕改，始终做到不忘育人初心。对改革中出现的问题、不同的声音，不人云亦云，敢于、善于用改革的办法解决发展中出现的问题。

七、自我发展

具有领导力的管理者，首先是领导自己，首先试图做出改变的也是自己，对自己设定的标准，应当明显高于其他人。作为学校校长、管理干部，要对自我发展提出更高要求，这样才会被师生尊重、被社会敬佩。

总结起来，教育管理干部可以围绕认知力、领导力、行动力、学习力、亲和力、公信力六个方面，提升自我发展能力。

一是认知力。对教育本质和规律有深刻的理解，办学理念符合教育规律、贴合学校实际、受到师生认同；有正确的学生观，致力于创造适合每一位学生健康成长的教育；有正确的教师观，始终把依靠教师、促进教师专业发展作为治校办学的根本遵循。

二是领导力。能够有效领导学校教育教学和内部治理，有效统筹各项工作；对课程有深刻的领悟和把握，有较强的课程领导力，追求"轻负优质"的绿色教育生态；能够引领教师发展，在调动教师教学积极性方面举措丰富、效果明显，能够让学生喜欢、教师认可、社会敬佩。

三是行动力。积极适应由管理向治理的转变，在加强党的建设，发挥党组织领导核心作用，制定并实施学校办学章程，在建立完善教代会、家委会、校务委员会、学校理事会的"四会一核心一章程"方面有制度、有实践、有效果。完善学校内部治理体系，顺畅运行机制，提升办学质量和效率，初步建立起现代学校制度。

四是学习力。牢固树立依靠学习走向未来的理念，有强烈的终身学习意愿和行动力；自觉贯彻党的教育方针，主动学习全面落实立德树人、推进教育现代化新要求和国内外教育发达地区的先进经验，具备推进教改的新视野、新格局、新理念，注重学习教育教学规律以及研究提高教育质量、推进课程改革的理论和方式方法。热爱读书、博学多才、温文儒雅，做师生心目中的良师益友。

五是亲和力。心系学生、善待教师、尊重家长，走群众路线，增强民主协商意识。善于沟通协调，处理问题讲艺术、讲民主，注重求得各方最大公约数。公平对待每一位学生、教师，主动了解师生所思所想所盼，做师生的贴心人。善于调适外部环境，能够同家长进行有效沟通，形成良好的家校共育格局。能够让所在学校教职工幸福感强，学生和家长满意度高。

六是公信力。讲政治、顾大局，理想信念坚定，道德情操高尚。公道正派，严谨细致；说做结合，知行合一；善于治理，敢于担当；清正廉洁，为人表率；无私奉献，热爱教育。被信任、受尊重、有境界，树立在群众中的威信。

作为教育管理者，应该时刻把师生放在心上，践行先人后事，修炼能力品行，促进人与事业共同成长。唯有如此，才对得起正在成长中的孩子们和翘首以待的家长们。

要事第一：关键小事事关育人品质

　　经常听身边的教育工作者讲，教育无甚大事，每天都在平凡的教书育人中度过。但是，教育也确无小事，事事都牵涉每一个孩子的成长和每一个家庭的幸福。特别是，总有一些看似不大的小事，如果不尽快加以关注解决，就会影响大局。做教育、办学校、当教师，就要善于挖出这样的"关键小事"。

一、如何寻找关键小事

　　关键小事从哪里找？如何解决？"变则通，通则久"，发现解决关键小事，需要做好"通"字文章。

　　从沟通中找。关键小事，背后是关键问题。问题的发现，除了靠"慧眼"，主要还是靠沟通和交流。只要牢固树立沟通思维，搭建沟通渠道，健全沟通机制，就不难找出各类问题。比如，每到接送孩子上下学的时段，学校门口都会聚集大批家长。这些家长以孩子的爷爷奶奶等祖辈居多。他们对孩子非常上心，大部分都会提前到达，有的甚至提前很长时间就到校门口去等。对此，潍坊市在全市推广由财政出资建立学校门口的"家长接送区"，为等待的家长提供了歇脚点；同时还积极倡导，在每天上下学这个关键时段，校长要出面，在"家长接送区"与家长、孩子沟通交流。由此，将各种问题汇集起来，提交学校党组织集体研究，确定其中的关键小事，立项目、建制度，有效处理到位。从一定意义上讲，师生、家长的焦虑点、烦心事，就是关键小事的切入点、突破口。只要有心去想、用心去做，没有什么问题不能在沟通中发现、在沟通中解决。

由开通中来。教育是开放的事业，需要每个人的参与，需要集体的智慧。办学治校要有开阔的胸怀、开放的思维、开明的理念。征集关键小事，就要有开通的姿态和状态，采取多种方式，体现便捷化、高效性。为此，潍坊市建立了"教育惠民一码通"制度，各级各类学校面向社会公布各自专属的二维码。公众对教育、学校、育人有任何诉求、建议等，都可以"一码"提报、扫码即报。其中反映集中的、事关全局的问题，就可作为关键小事。另外，还建立了学校理事会制度，参与学校决策、执行和监督。由于理事会成员来自社会各个层面、各个行业，看教育、想问题的视角就更多元，所提建议就更全面。诸如此类的事项，家长委员会、教师委员会、学生会等也可以随时向学校提出。再如，学校党组织每月召开一期学情会商，将涉及学生健康成长的各类问题梳理出来并建立台账。这其中哪些是关键小事，由参会人员一起协商确定并提出解决办法。只要有了开通的意识，自会有开通的办法和机制，关键小事就找得准，解决得快，效果也好。

随流通中变。学校是一个发展的团队，师生每天也都在成长变化。再好的征集、解决问题的"法宝"，也要不断应对"流通"中的改变。特别是关键小事，尤其需要用动态变化的眼光来审视。比如，总有部分孩子上学时会忘记带水杯、学习用品等，家长送来后，如何在第一时间传递到学生手中？学校将其作为关键小事，建立起快捷送达通道。在执行的过程中，有的班主任探索出很多指向育人、解决问题的小窍门，成效更好。比如，让孩子每天出门前回头 5 秒钟做检查，家门口张贴必带物品打钩表等，这些做法非常有效并深受家长认同。再比如，"拖把放哪里"是让很多班级都烦恼的问题，因为几乎所有的学生都不愿意将其放在自己身边。这类孩子们身边的小事就可以列为关键小事，解决问题的对策要从育人的角度去考虑，不断提升育人品质。

在联通中解。之所以称为关键小事，就是杜绝"就事论事"，将其与各个层面相联通，而不是作为孤立的点来看待。首先，要与各项制度相联通。例如，教师的师德师风建设没有小事。但是师德师风建设单靠硬抓是做不好的，需要将涉及教师切身利益的各类事项都与其联通起来。其中比较关键的事项如职称评聘、评优树先、绩效激励等，如何将其与师德表现有机结合，转化为教师的内生动力至关重要。与此相衍生的各类事项，就可作为关键小事。其次，要与各个群体相联通。一般来讲，学校层面可分为教师、干部、职员、学生、家长以及其他利益相关者等不同群体。以教师评价为例，如何做到既精准评价又让评价对象满意认同？这需要将各个群体都纳入评价体系，实施多元化综合评价。再如，小学阶段的阅读积淀和阅读行为习惯养成，对一个人的长远发展来说至关重要，单靠学校教育是难以承担的，需要家庭教育来支撑。因此，有效提高家长的阅读力，就成为关键小事。再次，要与各种工作相联通。只要学校内部各个部门、各种事项之间有效协同，破除"谷仓效应"，一些制约问题解决的关键节点、堵点、痛点就会显现出来。总之，将关键小事放到治理体系和运行机制这个大框架中来审视、解决，把各个问题点联通起来，或许答案就"不请自来"。

于融通中化。关键小事找得准、办得好，最终还是要靠一个区域、一所学校的教育生态来保障，要将其与办学思维、育人理念、文化氛围、机制创新等融为一体。当然，这种融通需要关键人物去做。谁是关键人物？首先是校长，其次是积极参与其中的每一个人。在学校日常管理中，校长应关注三条理念：一是做对的事，比把事情做对重要；二是还需要做什么事，比怎么做事重要；三是做一件事产生的效果，比做多少事重要。发现并解决关键小事，需要校长遵循这些理念，来定位、设计、统筹。特别需要提醒的是，别忘了学校那些"意见领袖"。要将"意见领袖"当作特别关心学校发展的人来对待，主动倾听并化解他们的内心积怨，将其凝聚成同行者。比如，关于为高中教师提供早餐的问题，大家要求不一，确实有些众口难调。有位校长主动倾听"意见领袖"的意见，通过提供个性化定制、每周预报、提前微调、同伴互助等方式，问题得到较好解决。总之，育人的品质来自方方面面的融通，我们要做到"一个都不能少"。

发现并解决学校里的关键小事，需要我们主动去"通"与"导"。其实，在整个治校育人的过程中，既要就事论事，也需触类旁通；既应中通外直，也应通权达变。只有通观全局，才能做到政通人和，让师生心情通畅。办人民满意的教育，就是在发现并妥善解决一件件关键小事的过程中，让师生、家长感知育人品质。

二、需要关注的关键小事有哪些

什么样的事是关键小事？那些让教师、学生和家长焦虑、操心、堵心、烦心的事情，就是关键小事。教育没有什么大事，都是小事；但教育也没有小事，对每个孩子、每个家庭来说，都是大事。从教育工作者的角度，以下二十件关键小事需要引起高度关注。

第一，建设升级家长接送区。结合各校实际，建设升级家长接送区，不仅让家长有个歇歇脚的地方，还应当将其打造成学校门口素质教育的第二课堂、学校办学成果的展示区、家校社共育的阵地、社区文化展示平台等。

第二，保障有需求学生的午餐午休。吃好睡好才能学好，营养到位才能身心健康。一部分离家较远或者家庭接送不方便的学生，确实有在校午餐午休的强烈需求。学校应想方设法满足这些学生的需求。学校可能面临场所受限、条件不够等问题，但办法总比困难多，有的学校通过"绿色中央厨房"配送、多方出资提供午休床、充分利用校内各类场所等方式，较好地解决了难题。做好这项工作有两个前提：一是食品安全并营养均衡；二是尊重家长和学生的意愿，不能强制。

第三，学生厕所清洁改造。厕所清洁是个老问题。有的学校进了教学楼，离得很远就知道前面有洗手间，味道很重。学校管理者必须用心想办法来解决这个问题，一所学校的品质也体现在洗手间的干净程度。厕所清洁，直接事关师生满意度。

第四，多孩共读一所学校。全面放开二孩之后，很多家庭面临着两个孩子上学不同校的问题。比如，第一个孩子在某小学就学，第二个孩子却没有这个小学的学区名额。现在的家庭接送孩子的大多是孩子的爷爷奶奶、外公外婆，让接送孩子的老人两个学校来回跑，于心何忍？多孩同校就读问题，需要妥善解决。有些地方反映说，学校没有空缺学位，无法让多孩家庭享受同校就读的便利惠民政策。没有空缺学位不是理由，要带着感情想办法解决。

第五，落实学生缺勤报告追踪制度。学校应当在每天上午、下午第一节课，由班主任或任课教师清点学生人数。特别是寄宿制学校，这一点尤为重要。对未到校学生，要第一时间报告学校政教处（教务处），并主动联系家长。安全工作要牢记"宁可前进一步形成交叉，也不后退一步留下空当"，这是先于一切、大于一切、重于一切、高于一切的大事。

第六，保持好学生眼睛和书本的距离。学习时，好多学生都趴在书桌上，坐姿也不规范。学生的眼睛和书本距离怎么保持好？关键是坐姿。保持不好眼睛和书本的距离，近视眼的发生就是必然的。这看似是小事，但是等孩子们长大了，后悔就来不及了，校长和教师务必要引起重视。

第七，学生书写时的握笔规范。经常到教室里看一看，不难发现很多学生的握笔姿势都是错误的。字如其人，写好字非常重要。建议小学从一年级新生入学开始，重点抓一抓学生的握笔、写字问题。否则到了初中、高中之后，学生就很难再改正握笔姿势了，这是事关每个学生一生的大事。

第八，学生物品的及时送达。早上八九点左右，经常看到有些家长到学校给孩子送东西，跟警卫室的保安师傅说，孩子忘了带哪本书、忘了带水杯、忘了带感冒药等。有的保安师傅态度很友好，积极帮忙转送；有的保安师傅却很冷漠，不以为意。孩子忘了带的东西，要确保第一时间送到孩子手上，做好这样的小事，既帮孩子解了难，也能拉近和家长的关系。

第九，学生数学思维能力的提升。新高考改革之后，大家普遍反映数学高考题目难。现在的数学测试，指向核心素养，强化问题解决，重在数学思维、数学习惯的养成，这需要小学、初中、高中合力来做，单靠高中阶段很难有大的提升。数学学科怎么研究、数学教学怎么设计、数学思维怎么养成，各个学段的校长和教师都应该思考和重视，并且尽快行动起来。

第十，让图书走到孩子身边。目前，大部分学校都有一个固定的图书馆或者图书室，有需求的教师、学生可以前去借阅。但是在素养导向的教学背景下，师生除了研读好课本，还需要大量阅读资料来支撑，一趟一趟跑图书馆既不可取也不可能。应当尽快将图书送到有需求的教师、学生身边，最好是举目可望、触手可及，并且根据师生的学习需求，不断更新书目、杂志。

第十一，学校班级微信群管理。有的学校各个学科的教师都建微信群，有的家长甚至进了十几个微信群。有的微信群每到下午就会发布学生测试成绩、在校表现等。从家长层面看，这种缺少客观分析的信息发布，只是提供竞争比较的机会，加剧了家长的焦虑。班级微信群的治理，无论对学校还是家长都是一件大事，需要大家格外关注。

第十二，学校公众号和美篇管理。现在很多教师在教学工作以外都在忙着做美篇、公众号，展示学校干了什么事，开展了什么工作。虽然学校理应保障社会和家长的知情权，但是实事求是地讲，如果所发的内容点击量不高，基本都算是无效信息。这样的公众号和美篇确实没有太大必要，应该尽快治理一下，不要增加教师的负担。

第十三，积极开展师生读书行动。大家都知道读书的重要性，也开始抓阅读。但是大多数学校开展的读书行动，往往是时断时续、不了了之。引导学生养成良好的读书习惯很重要，建立常态化、长效化的教师读书计划也很重要。关键是校长和学校干部要带头读书，营造良好的读书氛围。

第十四，开展困难教师的关爱行动。有人说，如今困难教师很少，大病教师也不多。但是，我们坚持的原则是"一个都不能少"，无论是教师还是学生，对学校每一名成员都要关心关爱关注到位。学校要关注困难教师的切身需求，通过推出爱心家庭晚餐、开辟爱心休息室、推行弹性上下班机制、为教师子女放学后提供看护等举措，为教师办实事、做好事、解难事，帮助解决后顾之忧。

第十五，实施班主任沟通力提升工程。班主任工作至关重要，班主任队伍必须放到更加重要的位置来培养、激励、尊重。首先要解决的是班主任与家长、社会的沟通力问题，特别是青年班主任，要加强沟通学习和实践，提升主动沟通能力、聆听能力和解决问题能力。学校要聚焦班主任沟通力提升，开展相关培训和交流展示活动。一支富有沟通智慧的班主任队伍，是办好人民满意学校的关键所在。

第十六，每月组织一期家长大讲堂。按照线上线下一体化的方式，由校长和学校班子成员带头讲课。通过大讲堂，让家长对当前国家选才育才方向、孩子健康成长的规律、学校办学发展理念及行动、教育教学改革路径等有充分了解，对教育、对自己的孩子有合理期待，以此化解焦虑，赢得理解和认同。

第十七，家长关注信息每周公示制度。家长关注的事，就是学校应当公开的事。一般来讲，家长关注孩子在学校学习好不好、吃得行不行、是不是得到了老师的关注，等等。因此，学校的课程教学安排、重点育人事项、餐饮营养清单以及孩子们在校期间的表现等，都应每周向家长公开。就如一位家长所说，即使是老师随手发送一张自己孩子在学校表现的图片，他们也会高兴一整天。

第十八，上下学期间校长在学校门口的值守制度。校长每天站在学校门口迎接孩子，确实辛苦一些。但这种辛苦是值得的。孩子上下学、老师上下班时看到校长在学校门口值守，心里会感受到温暖。虽然校长工作事务很多，但是校长岗位就是需要奉献，就需要做到早来晚走，要让老师、孩子经常看到校长。学校再大、校长再忙，也要每天拿出一定的时间来和孩子接触，最简单的办法就是上下学时间在学校门口值守。

第十九，"助残日"的常态化。"助残日"是为了让全社会关注、尊重残疾人。笔者认为"助残日"应该常态化而非只在"助残日"那一天，要多去给特殊教育学校的孩子们送关怀、送温暖。高度关注特殊教育学校，悉心关爱每一位残疾儿童，这是全体教育工作者共同的职责。

第二十，用好用活教育惠民一码通。收集家长和社会对教育、学校的诉求、建议、意见，要用好信息化手段。基于微信二维码设立的"教育惠民一码通"就是这样一种及时便捷有力的方式，目的是让家长随手随时随地都可以"扫一扫"。需要注意的是，在将"一码通"宣传给每一位家长的同时，要加大信息反馈力度。如果收集了信息不及时反馈，还不如不去收集。切记，对收集的信息，要及时关注、高效回应、温情答复、圆满解决。长此以往，办学满意度和认可度才会稳步提升。

三、应当树立哪些思维

教育工作者要有"使命"，那就是发自内心地对每一个孩子好、发自内心地尊重每一位师生，并且做到竭尽全力。校长要用前所未有的角度来观察学校、师生和社会，从平凡的小事中发现惊喜，这是一项能力，也是一种智慧。教育工作者应当树立的思维可总结为十二句话，仅供思考和探讨。

仰望星空，脚踏实地。处理好办教育的虚与实。十年树人，教育工作是作用于人的成长，短期内看不到实实在在的成果，有的只是孩子的成长变化。教育工作者所做的努力，也许要在 10 年、20 年、30 年甚至 50 年之后才能体现。所以，仰望星空很重要，要面向 2035、面向 2050 培育时代新人。而蓝图已绘就，关键靠一步一步地行走，需要脚踏实地。

着眼长远，立足当前。育人，育的是未来的人，不能没有长远眼光。办学，办的是眼前的学校，必须立足当前。教育工作要处理好远与近、急与缓的关系。

躬身入局，抽身观局。虽说躬身入局很重要，但作为教育工作者，也要善于抽身来观局。作为校长、教师，不能只是盯着自己的学校，盯着自己的岗位。要思考如何站在更高的格局和层面上，来看清学校的未来和明天，找准定位、积土成山。

最好预期，最坏打算。做教育工作，预期目标设想都很好，都是为孩子们着想，为办好学校着想。但是，新推出的改革举措很可能遭到非议，怎么来应对？这就需要有最好的预期，做最坏的打算，在心里设一道清晰的底线，涵养一种坚韧从容的性格。

视角向外，刀刃向内。要以开放的胸怀来办学校，不妄自菲薄，但也不能妄自尊大。刀刃向内，敢于向自己的一些痛处和问题来"开刀"改革。办学越是顺利，越要心怀敬畏，要警惕顺风顺水，始终保持刀刃向内、自我革命的心态。

大处着眼，小处着手。看大局、观大势，心怀"国之大者"，但要考虑到每一位师生。育人总是在细微处，在小事小节上见情怀、看水平、动人心。

通盘考虑，重点突破。站位要高，思虑要周，但要找准关键点、选准关键人、做好关键事，不要"大水漫灌""水过地皮湿"。

大胆假设，小心求证。教育经不起任何失败，教育改革没有少数服从多数，每一个孩子都很重要。要小心求证，关注到每个人、每件事，稳慎推动教育改革。

精致精神，精准精进。办学要精致，师生要精神，育人要精准，管理要精进，这是对每一所学校的期待。

多元共治，民主协商。教育要从管理走向治理，那什么是治理？治理就是多元共治、民主协商。对于学校而言就是学校的事情学校说了算，教师的事情教师商量着办。

管得越少，办得越好。从奠基孩子终身成长的角度看，教育需要讲求"管是为了不管、教是为了不教、说是为了不说"。但是，要强化底线，该管的要管住、管牢、管到位，特别是坚持"一排底线"的要求，绝不能出任何问题。

非常理想，特别现实。办好学校要有理想，也要有清醒的认识和定位，需要真真正正地付出和努力。

解决好师生身边每一件具体的小事，看似平常，却是办好教育的一条朴素之道，需要教育工作者用心去发现、去践行。

第五讲 制度为先：关键制度事关育人活力

激发各个层面的育人动力，促进学校高质量发展，离不开有效的制度供给。及时梳理并优化学校层面的关键制度，以制度机制创新来激发师生成长的内在动力，才能让学校运行有活力，区域教育生态有活力，最终实现高质量发展。

制度供给说起来重要，但从实践层面看，有的学校制度门类多、数量多，甚至连校长都说不清具体有多少；有的制度师生知晓度低，对这些制度是怎么来的、发挥了什么效力等不甚清楚；有的制度汇编错字百出，大篇幅从网上摘抄，有的更是全文照搬，仅把学校名字改掉，"移花接木"、东拼西凑，等等。学校的制度关键在精准，在知晓，在有效，在协同，在执行，在涵养价值观，在激发育人动力，在凝聚育人合力，有必要对其进行重新梳理和思考。

一、要找出事关学校育人的关键制度

一是坚持问题导向。制定制度是为了解决实际问题。制度不在多，而在于精，在于务实管用，"牛栏关猫是不行的"。如果学校的制度空洞乏力，起不到应有的作用，解决不了实际的问题，再多也会流于形式。"关牛用牛栏、关猫用猫笼"，能解决问题的才是好制度，是关键制度。

二是坚持目标导向。学校首先要想清楚弄明白设立制度的目标是什么，选择某项制度作为关键制度的目标又是什么。坚持针对性和指导性的原则，抓住根本、突出重点，一学年选定三项核心制度来研究推进。通过这些关键制度，切实调动起师生的内在动力，激发学校治校办学活力。

三是坚持效能导向。制度在理论上立得住固然重要，但在实践中行得通、有效果更为关键。潍坊市通过建立科学的制度评价机制，对学校制度执行效能进行客观公正的评价，以治理效能为标准，检验和评判一项制度是否有效。

二、要明确什么样的制度是关键制度

从面上看，一是涉及安全的。安全工作高于一切、先于一切、重于一切，永远要放在核心关键位置。学校安全是第一位的，涉及学校安全的制度就是关键制度。二是涉及质量的。五育并举、融合育人下的"质量"不是分数，不能靠传统办法来硬压、硬管、硬逼、硬灌，而要用制度机制来促进育人质量提升，这样的一些制度也是关键制度。三是涉及积极性的。作为教育行政部门，首要职责是调动校长办学的积极性；作为校长，首要目标是调动教师教学的积极性、学生学习的积极性。办高质量教育，很重要的一点就是要有效调动这"三个积极性"。所以，涉及积极性的制度一定是关键制度。四是涉及长远发展的。校长要站在为学校发展、为学生发展奠基的角度考虑。总之，能够影响学校长远定位、发展的，能够影响学生成长、成才的，就是关键制度。

从条上看，一项关键制度，第一要精准，能够基于学校实际，精准把脉，对症施策。第二要务实，直陈内容，务求实效，不图"好看""好听"，不"穿靴戴帽"。比如，寿光一中的教学成果奖评价制度，仅用大半页纸就把评什么、如何评写得明明白白，让教师们一看就能理解，十分清晰明了。第三要管用，制度定了就要去用，就要管用。形式上看似完美，而实践中无法执行的不是好制度，关键制度的有效性、可执行性一定要强。

从根上看，从"以学生为中心"到"以学习者为中心"，再到"教师第一"，这些都是教育改革发展进程中追求的核心价值理念。潍坊教育最根本的价值追求就是"公平用心对待每一位师生，促进每一位师生健康成长"。要围绕这个核心的"根"来寻找、构建关键制度，只要是有利于人才培育、师生成长和积极性调动的就是好制度。作为校长，不仅要大气、包容，更要有境界、有远见；不仅要公平用心对待每一位教师、每一位学生，更要将这种公平的导向传递到师生心里，发自内心地尊重每个人的个性差异，促进每一位师生的健康成长，实现差异化的公平。这是关键制度的"根"。

三、要想清楚关键制度从哪里来

一是从协商中来。教书育人主要是做人的工作，协商式管理是教育管理和学校管理的基本方式。寻找关键制度，要采取民主协商的方式，在充分尊重师生意见的基础上研究确定。整个过程没有强制命令，没有行政干预，重视换位思考，重视师生参与。只有这样确立的制度，才能得到师生的认可、支持，才是学校真正需要的、切实可行的关键制度。

二是从转化中找。创造性转化的能力是未来校长的核心竞争力。近年来，国家层面相继出台了系列文件，对推进普通高中育人方式改革、全面提高义务教育质量、深化学前教育和职业教育改革等提出了指导意见，指向鲜明，要求明确，内容具体。对学校来说，将国家政策要求有效落实，并转化成治校育人的实践，确立关键制度就是一条有效的路径。

三是从问题中建。聚焦学校发展"瓶颈"、师生关心关切，深入分析并寻找解决问题的制度机制，并以此建立关键制度，来实现规避、规范、管理、引导等目的，扎扎实实解决师生急难愁盼的具体问题，促进学校健康发展，这是校长需要认真研究的。

四、要探索如何让关键制度更有效

一是上下贯通。关键制度既要与国家政策要求和上级教育部门制度规定上下贯通、步调一致，具有可执行性，又要符合教育教学规律和人的成长规律，确保服务学校发展，助力师生成长，真正起到应有的作用。

二是左右衔接。任何一项制度的确立与实施，绝不是孤立的，需要与其他制度相互衔接、配合，保持一致性，确保协同推进。只有目标指向一致，形成集成效应，才能让关键制度发挥最大效益。

三是内外配套。要坚持系统思维，把家庭教育作为突破口，内外配套，推进家校社全环境育人。学校要向家长和社会及时推介关键制度的价值取向和育人导向，积极争取理解和认同，营造家长理性平和看待、社会合理期待的良好氛围。

四是远近统筹。制度要具有稳定性与持续性，不能朝令夕改。育人工作、管理工作，都不是"儿戏"，需要用心思考。要坚持远近统筹，既要仰望星空，又要脚踏实地；既要大处着眼，又要小处着手；既要通盘考虑，又要重点突破。

当然，这里面关键还要厘清三个关系。一是虚与实的关系。教育本身是"务虚"的，从当下始，以未来计，是一项寄希望于未来的事业。制度不一定条条看起来都那么"实"，有些制度看上去是"虚"的，但却起着调适文化、涵养价值观的作用。虚功实做、虚实结合，要学会用务"虚"的思维解决"实"的问题。二是多与少的关系。制度再多，流于形式、形同虚设等于"0"。制度一条，务实管用、卓有成效等于"100"。制度的关键在内容，在执行，在有效，不在数量多少。不能为了制定"制度"而"滥竽充数"。三是刚与柔的关系。教育是凝聚人心、塑造灵魂的事业。不能用蛮力、强力，要学会用心、用情。关键制度确立之后，刚性的制度要学会柔性实施，柔性的要求要实现刚性落地。只有将制度的刚性与管理的柔性有效结合，才能发挥最大的效用。

关键制度在学校治理中发挥着至关重要的作用。一所学校，设计一项关键制度是不容易的，而且随着时间的推移和实践的变化，还要有一个立、改、废的过程，不断修改完善。但是无论怎么改、怎么变，都应着眼于尊重、鼓励、激发、营造，而不是单纯的管制、规范和冷冰冰的考核，这样才能得到师生的认可。还要考虑到关键制度也是可以复制、移植与借鉴的。办教育、办学校，不同的地区有其差异性，也有共同性。发达地区学校的核心制度有哪些？制高点学校的核心制度又有哪些？通过分析、研究，学习、选择可以借鉴的"好制度"。同时切记要结合自身学校实际，确立真正符合学校育人实践和文化特质的关键制度。

制度在精不在多。学校内部的一个年级、一个团队，甚至一个班级，也应建立关键制度清单，确立那些真正起作用、管根本、务长远的关键制度，并以此内化到师生心中，调动起教师教学的积极性和学生学习的积极性，解决好影响育人动力的根本问题，真正发挥关键制度的关键作用。

增进认同：让教育更有温度

　　深刻把握教育的人民属性，就要努力办好人民满意的教育，就需要靠有温度的教育来打动家长、感动社会。如何办好有温度的教育？每所学校都有自己的招数，关键是基于学校的实际来设计制度、开展工作。由于区域不一样、师资结构不一样、资源禀赋不一样、生源和家长情况也不一样，因此需要"一校一方案"来进行研判和分析，需要更加用心用情。

一、教育的温度从哪里来

　　有温度的教育核心在"温度"二字。教育的温度从哪里来？

　　第一，从实干中来。实干、实绩永远是第一位的。哪怕采取再精妙的策略来提高温度、满意度，也比不过不断提升教育教学质量来得好、来得快。对于如何提高教育的温度、满意度，可以概括为两句话：目标装在心中，功夫下在平常。只有干在实处，才能走在前列。从实干的角度，我们要更多对社会、家长宣传育人质量、教学质量、孩子的成长变化以及教师队伍的专业素质，还要解决实实在在的问题。每所学校都有自己的不同问题，要一条一条列出来，扎扎实实去解决。只要解决了那些具体又现实的问题，让家长们感觉有新改观、新变化，教育自然就有了温度和满意度。

　　第二，从沟通中来。人和人之间的感情，是从不断地交流和沟通中建立起来的。沟通要考虑清楚以下四个方面。一是沟通什么。主要是沟通大家都感兴趣的某件事、某个点，也就是沟通家长和社会对学校教育的关注点、家长的利益点以及社会对教育的好奇点。对学校来讲，沟通主要有三个圈：第一圈是核心圈，也就是教师和学生，这是最直接的服务对象；第二圈是紧密圈，也就是家长、学生的近亲属等，这是最关注孩子成长的群体；第三圈是联络圈，也就是社会面。他们更关注学校怎么应对教育的共性问题；学校如何处置出现的教育问题；学校如何回应一些涉及教育的热门话题。教师、学生关注自身的合法权益是否得到保障、自身是否得到公平对待等。家长关注自己孩子是否能够健康成长。社会面与教育不直接相关，有其不同的关注点。因为"三个圈"有其各自的关注点，所以沟通的重点是不同的。沟通要尽量围绕他们感兴趣的内容。毕竟，引发共鸣才是良好沟通的前提。二是如何沟通。首先，要增强主动性。家长没有提出意见，不代表学校的工作不存在问题，不代表家长对学校没有意见。学校要主动与家长沟通，征求意见建议。其次，要增强全面性。涉及教学、师资、办学条件等方方面面的问题，学校都应站在师生和家长的角度考虑全面。再次，要增强个别化。学校需要认真对待。特别关注教育的家长群体，加强与他们的沟通。沟通也讲究技巧，校长、班主任与任课教师，应当确定恰当的方式方法之后再去沟通。特别需要注意的是，跟家长沟通，不要只讲大道理，要主动分享孩子的学业成绩、发展变化、成长潜质以及孩子的闪光点、潜力点，让家长放心。对孩子存在的问题，要有策略地沟通，带着答案沟通，而不是简单化、没有温度的沟通。三是谁来沟通。班主任是第一顺位的沟通者。如果有些个体很特别，要求很特殊，班主任很难或者没法与其沟通，这时候就可以由学校干部来沟通。对于面上普遍存在的问题、集中反映的问题，学校层面如果无法答复，就由教育行政部门来答复沟通。四是有效沟通。建立更有效的沟通机制，恰当把握好沟通方式和频率，一定要关注好两点：一是千万不要惹恼教师，二是千万不要惹烦家长。要做到一个学校一个方案、一个班级一套策略、一个孩子一种办法，把握合理的尺度和力度，不要层层加码，提出过多过高要求。比如，有的家长很关注孩子，期待经常性了解孩子在学校的情况；而有一些家长觉得只要孩子整体挺好就行，不需要学校经常性地联系与沟通。家长的不同诉求就要求我们进行个性化沟通。

第三，从比较中来。如果说某地的教育搞得好、某校办得好，需弄清楚这是和谁比、比什么、怎么比。教育发展具有比较优势。比如，学校里都在开展的快乐大课间活动，各个学校之间的安排就能看出差距。有的学校由体育老师主导，把快乐大课间变成课间体育活动。有的学校安排无序，学生在校园里杂乱无章地开展着所谓的各种活动。还有的学校以保证安全为由，把孩子们"困"在教室里。有一所学校的做法是，由学校负责人、家长代表、班主任以及学生代表等共同参与，设计大课间活动，开展多元化、个性化的系列活动。在这一过程中，班主任参与其中，并用手机记录每个孩子的活动瞬间，定期发到班级的家长群中。家长参与活动设计，并能够看到自己孩子的状态。这样的教育，自然就带来了更适宜的温度。

第四，从体验中来。冷热是触摸出来的，温度是体验出来的。体验教育的温度一是尽可能让家长、社会利益相关者参与进来。学校、班主任不要把线上家长会开成单纯教育家长的会议，班主任一个人讲，家长们"洗耳恭听"，这样是不对的。家长会不能只是向家长提要求，一定要让家长参与进来，让家长来讲应怎么教育孩子，只有让家长参与进来，才会更具信服力，才能让他们体验到温度。二是换位思考。学校要站在家长以及促进每一个孩子健康成长的角度思考办学，思考工作的开展。三是开放办学。新的一年、新的学期，对于各项工作的开展，学校可以主动征求家长的意见，多听听家长们的声音。实际上，绝大多数家长都是很友善的，只要给他们一个表达合理意愿的渠道，让他们感受到尊重，他们对学校的满意度就会提升。所以，学校与家长沟通时，一定要尊重家长，让家长有表达诉求的渠道和机会，让家长能够感知和体验到教育的温度和学校的善意。

二、如何办有温度的教育

办有温度的教育是一个大课题，千头万绪，家长的诉求和社会的期待又是情况迥异。如何来办有温度的教育？答案是要有心。

一是工作安排要用心，要留心。从实践来看，我们每个人分析问题、设计制度创新、应对策略的水平高低，实际上就是用心不用心的问题。办有温度的教育，没有别的窍门，就是比谁更用心、更留心，就是要从每一个人、每一件事中，留心研判，从小中看大，看清趋势、走向，然后给家长合理解释。教育工作的整体安排和具体某一项工作的推进，都要用心、留心，而不能漫不经心、粗枝大叶。

二是教学育人要精心，要细心。有温度的教育就是基于每一个孩子，从每一个孩子成长的角度来教学育人；就是基于每一个场景、每一节课堂、每一次活动，精心备课研课；就是基于跟师生的每一次交流，与孩子们的每一次互动，力求让他们有收获、有进益。实际上，对孩子们微妙的情绪变化，谁能看得到、看得多、看得懂，谁关注多、回应快、效果好，谁的教育教学质量和满意度就高。满意度是教育教学质量的直观反映。教育教学质量高、孩子们成长得好，办学满意度就高；教学质量低，再怎么去抓满意度，也很难抓上去。因此，办有温度的教育就是在教学育人上，比谁更精心、更细心。

三是对待学生成长要有爱心，有耐心。校长、教师要常想常思"假如是我的孩子、假如我是个孩子"。这句话说的就是爱心和耐心的问题。在学校里孩子难免会有表现不佳的时候，这时学校怎么来对待他们？学校是孩子们犯错成本最低的地方，对孩子多一些宽容、爱心、善意，多一些鼓励、表扬。尽管"好孩子都是夸出来的"这句话有片面的地方，但做好教育工作确实需要用赞扬的眼光来看待每一个孩子，因为他们都是正在成长中的生命。

四是换位家长要省心，要放心。家长把孩子交给学校，学校所做的一切，就是要让他们省心、放心，不要动辄就去联系家长、安排家长，给家长添麻烦。家长需要的是省心，省心的前提是让他们放心。比如，孩子所在的学校课后服务安排很合理、质量很高、效果很好，孩子很喜欢，这就让家长很省心、很放心。

五是对接宣传要暖心，要动心。千万不要让教师费大力气去制作发布繁杂的公众号推送、各种形式的美篇。现在学校层面的宣传，如果没有很高明的水平、很动人的细节，所谓的公众号推送、美篇很难写到家长心里去，家长看到的往往都是生硬的文字。我们经常说："文章硬如铁，咬得一嘴血。"文章写得很硬，还强推给家长，要求家长转发，家长内心会很抗拒。况且，教师还浪费了时间和精力。这一通操作，哪里还有温度可言？学校的对外宣传，首先要想好想透，说出去的这些话、发布出去的信息，会不会让家长暖心、动心？当前学校宣传面向的受众群体，有70后、80后、90后，他们的心态是不一样的，也需要用不同的表达方式。其次，宣传内容的长短要把握好。很多家长都很忙，但有的学校安排的家长会却一开两个小时，让家长很是心累，长期下去就会反感。再次，是内容新旧的问题。学校对外宣传发布的东西，不要老生常谈，要有新内容、新创意，让家长感受到变化和不同。最后，是内容深浅的问题。学校要用家长听得懂、愿意听的话语去沟通，而不是讲一些大道理、深理论，让家长不明所以。总之，学校对接宣传的目标要充分体现出温度，让家长暖心、动心。

三、办有温度教育的关键点

一是精准。提高教育温度已经过去"大水漫灌"的时代了。现在做教育管理工作要更加聚焦那些可能不满意的 5% ～ 10% 的群体，精准找问题，一个一个地来梳理、分析、研判、解决，进行个别化、差异化的应对。总体上看，绝大部分家长是带着善意支持学校工作的。学校做工作特别要注意，不能用错了"药方"，把那些本来满意的 90% ～ 95% 的家长做到了对立面，变成了不满意。

二是高效。教育工作者要牢记，家长的事、孩子的事，没有小事，都是急事。如果家长给教师打电话咨询一件事情，教师一定要快速回应。对于日常征集的问题，教师一定要及时反馈。对家长提出的个性化问题和个性化期待，教师要快速高效地给予回复，能办的尽快办好，暂时办不了的先解释到位，给家长一定的心理预期，体现出学校的用心和效率。

三是适度。办有温度的教育不是办有热度的教育。温度不同于热度。温度让人感觉很舒服，而不是烫得慌。做教育工作要适度，否则就会适得其反。把工作做过了头、过了界、越了位，家长同样不会满意。办有温度的教育，关键要看火候、看形势、看情况，有针对性地做；宣传要适度，对接要适度，沟通要适度，让家长有"意犹未尽""余音绕梁"的感觉。

四是转化。对于上级部门安排的需要家长来做的一些工作，学校不能仅仅当传声筒，更不能层层加码，而应将其转化成家长的认同和动力。学校应从家长的角度考虑、研判，明确采取的方式方法之后，再布置推动。只有采取家长更容易接受的方式来推进，才能够事半功倍。特别是学校接到上级安排的一项工作，切勿直接生硬地安排给家长，如在家长群里要求家长接龙、几点之前必须报情况、必须发截图等。切记，与家长沟通时少用"必须"二字，也不要硬性规定时间期限，如在群里通报还没有完成的孩子是谁、把孩子名字发布出去等，这都是不恰当的。对孩子来讲，一条重要原则就是"扬善于公堂，规过于私庭"。对那些好事、动人的事、孩子成长的案例等，我们公开宣传。对有些家长、孩子的个性化问题，可以采取"一对一"的方式私下沟通。

五是人物。重要的事要靠重要的人去办。办有温度的教育，提高人民群众对教育的满意度和获得感，无论在认识上，还是在行动上，都应当是"一把手"的责任，根本还是靠校长这位关键人物。我们总是讲"人民至上"，体现在教育上，就是要办好人民满意的教育。我们一切工作的指向，就是人民满意。所以，办有温度的教育，应当成为校长的行动自觉。再者，办有温度的教育是一项系统工程，涉及学校的方方面面，涉及所有的环节、所有的教职工，必须发挥好校长作为"一把手"的统筹作用。校长一定要结合学校实际，对如何办有温度的教育、办人民满意的教育，有思考、有研究、有办法、出效果。

四、各个层面关注的温度是什么

一是教职员工。这是学校最核心的群体。学校要经常思考，为教师做点什么有价值的事，会让他们感觉更有温度、更加满意。包括不在一线上课的、为师生服务的学校的职员，也是学校的重要组成部分。有人搞教学，有人搞服务，大家是利益共同体。再就是干部，学校工作离不开高素质的干部队伍，要考虑如何为干部减压、让他们感到暖心。再就是其他员工，要和保安、保洁、物业做好沟通，让他们感受到学校的温暖，感觉到自己也是这个大家庭的一员。学校需要做的，就是对教职员工细化类别、分类施策，尽量做到回应、解决好每个人的诉求。

二是学生。这是学校最直接的服务对象。学校要建立起学情会商制度，分析了解不同年龄、不同家庭、不同学段的学生诉求，在因材施教，满足个别化、差异化需求上做文章。

三是学生家长及其近亲属。这是最关注教育的利益相关者。学校要区分 70 后、80 后、90 后不同年龄阶段，研究来自不同职业、不同区域的家长有哪些不同特点和诉求，研究采取怎样的方式和技巧，分类施策，给予人文关怀，传递教育温度。

四是社会。这是教育的关联对象。提高教育温度是社会问题，是引导整个区域对教育工作有正确认识和期待的问题。我们既不能让大家对教育、学校缺乏期待，漠不关心，也不能让大家有超出现实的过高期待。可能会带来不满、引发焦虑。因此积极回应社会诉求，引导社会对教育的合理期待就很重要。如何凝聚起全社会对教育、对学校的赞同和支持，是校长治校育人水平的一项重要体现。

五是党委政府。党委政府需要履行保障教育优先发展的责任，对教育工作的发展水平和质量进行评价和监测。在这一过程中，学校要全面贯彻党的教育方针，把党和政府对教育工作的政策要求落实到位。不论是遇到的问题还是取得的成果，学校都应及时跟上级党组织、政府及有关部门保持常态化沟通。对区域经济社会高质量发展，学校也要积极参与其中，献计献策，立足服务区域大局办好教育、办好学校。

五、办有温度的教育应该树立的几种思维

办有温度的教育需要在日常思维上有转变，方式策略上有侧重。

一是先人后事。这是做教育工作的第一守则。学校的各项工作都要靠教师去做，所以教师是第一位的。不解决好人的问题、人的认识和理念问题，是办不好教育的。如何激励教师，让他们发自内心地认同学校开展的各项工作，让他们做有温度的教育，考验着校长的智慧。再就是校长要对教师进行结构分类，针对不同年龄阶段的教师，要采取不同的沟通策略。

校长还要关注教师的情绪调适，必须牢固树立先人后事思维，做教师良好情绪的守护者。

二是众筹智慧。大家都说做教育、办学校很难，头绪很多，压力很大。一方面要抓教育教学，调动方方面面的积极性；另一方面又要统筹安全稳定，让家长和社会满意。事实上，这件事说难很难，说不难也不难。为什么说不难？关键就是学校可以众筹智慧。办有温度的教育，提高教育满意度，每一个人都有自己的答案和认识，关键在校长、干部要凝聚起教职工的呼声和智慧。比如提高教师的幸福感，我们就要主动听取不同层面的教师怎么想，老教师需要什么，年轻教师有什么好建议？家里有孩子上小学的教职工需要什么，孩子上初中的怎么想、上大学的怎么想？办法总比困难多，有心的校长资源多。

三是系统谋划。办有温度的教育是一项系统工程，而不是单单聚焦满意度。办有温度的教育也是"一把手"工程，因为需要统筹各个方面。各项工作怎么向有温度的教育倾斜，各个环节怎么体现温度？与社会沟通，无论是主动的还是被动的，怎么体现认可度，体现温度？这些都需要"一把手"来谋划。工作需要统筹部署、人员需要统筹安排，哪些是打基础、立长远的，哪些是需要做在当前、快速推进的，哪些是需要向家长和社会解读解释的，哪些是需要对外宣传的等等，都需要有系统的谋划。

四是抓住关键。办有温度的教育关键在四个方面：一是关键人物，关键人物是谁？首先是书记、校长，其次是班主任。二是关键事件，影响满意度的都是关键小事，不需要宏大的设计。"删繁就简三秋树"，学校基于问题导向，每年集中精力干三五件关键的事，就很有效果。三是关键时间，什么时间做什么事。教育工作要恰逢其时，而不是"想一出是一出"。四是关键制度，从实践来看，制度最重要，机制最有效。要靠制度来约束和规范，激励和赋能。至于制定哪些好制度，建立哪些新机制，这需要大家认真思考，但一定不在多、杂，关键在好用、管用。

五是换位思考。要站在家长、学生、教师这几个群体的视角来思考。要常想，假如我是一个家长，会期待学校做什么事？假如我是一位教师，会期待学校有哪些改变？还可以结合各自学校特点，细化一下角色：假如我是一个高中生家长、一个寄宿生家长，会希望学校做什么？假如我是一个初中生家长，会期待学校做什么？甚至初三的家长和初一、初二的家长关注的方面也会不一样。此外，还要善于站在教师的层面来思考问题，还有职员以及食堂、物业、安保等方面的一些辅助性员工，这些群体也是办好有温度教育的重要参与者、贡献者。

六是底线意识。办有温度的教育，前提是守住、守牢底线，强化风险意识。如果一所学校出现重大安全事件、群体性事件、舆情事件，那整个学校、所有职工都会受到重大影响。校长要重点抓好思想政治工作，经常和教职工谈一谈、讲一讲，让大家时刻保持警醒。

在新形势下，围绕办有温度的教育这一目标，教育工作者需要更加用心用情用力，让人民群众对教育更认可，更满意，更支持，最终营造良好的区域教育生态，创造适合每一位学生健康成长的绿色教育。

体系构建：学校党建应注重四个层面

在全面推行党组织领导的校长负责制背景下，加强中小学校党的建设，需要与立德树人和教育教学工作高度融合。这需要遵循党建规律、教育规律、师生成长规律，是一项专业性很强的工作。之所以有的学校感到党建工作很难做实、很难做出成效、很难做到师生心底里去，根本就在于与教育教学结合得不够好、融入得不够到位、特色不够鲜明、教职工参与不够充分。

从区域和学校的实践层面来看，关键是要做好制度设计，用制度来保障党的全面领导下，党建与业务的深度融合，将党建融入立德树人、教育教学改革、队伍建设和办好人民满意教育的全过程。当然，各项党建制度设计，应契合学校的办学实际，做到守正创新、务实管用，重点需要关注好以下四个方面。

一、党建工作具体做什么，需要用制度来明晰

学校层面的党建工作既不能以点代面，也不能漫无边际，需要弄清重点所在，列明任务清单，这是做好党建工作的前提和保障。

党建工作清单制度。学校要研究制定学校党组织全面从严治党和抓基层党建工作重点任务清单、责任清单、问题清单"三张清单"和党组织班

子成员履行全面从严治党责任和抓基层党建工作重点任务清单、责任清单、问题清单"三张清单"，这是基础性工作。此外，还应制定学校党组织书记、专职副书记和党支部、党小组党建履职尽责清单以及学校党组织必须集体研究事项清单、党风廉政建设负面清单，层层明确工作目标、落实岗位责任，以清单的方式将各项党建重点任务明确到人、责任到人。

学校党组织书记任期目标管理制度。根据学校中心工作、党建整体部署和党组织书记岗位职责，在征求党员群众意见的基础上，提出学校党组织书记任期目标和年度目标，把教学、科研、人才培养等业务工作融入党组织书记目标管理。任期目标和年度目标要报上级党组织批准和备案，并向所在学校全体党员教职工做出公开承诺。建立基于任期目标和年度目标的述职评议制度，每年组织党支部书记对履职情况进行述职，接受上级党组织考评和全体党员评议，将履职评议情况作为评先树优、奖励表彰、提拔任用的重要依据。

党建工作标准化规范化制度。按照便于活动、有效管理、服务师生、促进工作的原则，学校要优化党组织设置和党员教育管理，推进党的组织全面覆盖、作用发挥全面覆盖。党组织按照标准要求应建尽建、设置规范，党内组织生活制度严格落实到位。探索按照年级、学科、科研团队、教学小组等合理设置党支部（党小组），探索推行党员"一方隶属、多重管理、全程作用"，与师生学习、工作、生活有效融合。全面推行党建积分制管理，推进党支部评星定级，实行软弱涣散党支部集中整顿转化，推动"规范—过硬—先锋"分层分类提升。扎实开展学校"一校一品"党建品牌创建工作，着力打造一批主题鲜明、各具特色、可学可鉴的党建品牌，建设领导班子好、党员队伍好、作用发挥好、活动开展好、制度落实好"五好"战斗堡垒，不断提升党组织政治功能和组织功能，确保党组织履行好把方向、管大局、做决策、抓班子、带队伍、保落实的领导职责。

党建统领思政铸魂育人制度。坚持党对学校工作的全面领导，建立推进机制，创新活动载体，整合力量资源，着力加快思政育人党团队一体化、大中小一体化、家校社一体化"三个一体化"建设，推动形成区域内"大思政课"建设、全环境立德树人格局。县域内组建大中小思政一体化建设联盟，定期举办同城大课堂，建好用好思政课建设指导专家委员会，推动"思政课程"和"课程思政"同向同行。强化全员育人，配齐配强思政课教师队伍，建好用好思政特聘导师队伍，落实好领导干部联系点、讲思政课或做形势政策报告制度。

党员干部队伍建设制度。落实习近平总书记弘扬教育家精神以及"六要"标准、"四有"教师、"四个引路人"要求，打造一支学习在先、创新在先、实干在先，党性优、师德优、实绩优的"三先三优"红烛先锋队伍，进一步塑师魂、强师德、锻师风、增师能，争做教书育人的"大先生"。深入开展教书育人楷模、最美教师评选，深度挖掘一批扎根基层、服务一线的教改先锋、育人先锋、管理先锋和服务先锋等典型。加大发展党员力度，注重在教学一线优秀青年教师、思政课教师中发展党员，推动党的事业薪火相传。建立党员全员进党校培训制度，推出一批立足教育行业特点、具有地方特色、贴近党员教职工成长规律和需求的党员培训课程，综合运用讲授式、案例式、模拟式、体验式等教学方法，提升培训效果。在全员培训的基础上，分层分类开展基层党组织书记、青年党员教职工、新入职党员教职工和党员教职工、党务工作者等培训班，切实提高培训的针对性和实效性。持续开展师德师风建设专项整治，营造风清气正的政治生态。

落实意识形态工作责任制度。学校党组织应紧盯重点人敏感事、重点部位、薄弱环节，落细落实意识形态工作责任制。建立健全意识形态工作分析研判、突发事件快速应对处置、阵地建设、工作队伍建设、考核评价机制等制度机制，落实论坛、讲座、研讨会、报告会等"一会一报"制度，严格执行网络媒体、公众号等"三审三校"制度，建好用好意识形态工作责任清单、负面清单。围绕"把红色资源利用好，把红色传统发扬好，把红色基因传承好"要求，创新性启动实施红色堡垒、红烛先锋、红心向党"三红工程"，推动习近平新时代中国特色社会主义思想进教材、进课堂、进头脑、进综合素质评价，使红色基因扎根落地。将意识形态作为理论中心组学习、党员干部党性培训的必训内容，进一步推动党管意识形态责任落实。

二、党建工作怎么做，需要用制度来规范

中小学党建做什么，以清单方式明确后，怎么去抓好落实落地，同样需要制度跟进。也就是说，真正把学校的党建工作做出价值、做出特色，既要有硬功夫，更要有软实力。党建工作能够落地见效，融入立德树人全过程，需要系列的制度创新。

重大事项党组织集体研究决策制度。推进中小学校党组织领导的校长负责制改革，需要不断健全完善党组织和校长职责清单、党组织会议和校长办公会议议事决策规则"两清单、两规则"机制，进一步健全沟通协商、"三重一大"决策纪实、党组织领导的校长负责制执行情况报告等制度机制。涉及长远发展的重大改革、学校办学章程、学年度发展计划、重大经费支出项目、干部任免调整、教师职称评聘、工资福利发放等事项，必须经学校党组织集体研究讨论后，再按程序进行决策。推进党务、校务公开，健全党内情况通报、党员定期评议党组织领导班子成员等制度，保障党员的知情权、参与权、选举权、监督权。

党建重大事项专项报告制度。学校党组织每年应至少向上级党组织和本单位党员大会专题报告一次党建工作。强化思想政治工作和意识形态工作，及时召开全面从严治党、思想政治工作和意识形态工作责任制有关会议，贯彻落实党中央和省、市委关于全面从严治党、思想政治工作、意识

形态工作的决策部署，协调解决思想政治工作和意识形态工作中遇到的各类问题。每半年应至少向上级党委汇报一次全面从严治党、思想政治和意识形态工作情况，遇有重大情况及时向上级党组织报告。

党建重点项目行动研究制度。通过党员座谈会、满意度调查建立问题台账、面向教职工和学生征集问题、征求学校理事会及家委会意见等方式，深入查摆党组织和党员存在的问题，研究分析学校党组织在问题解决中能够发挥什么作用、如何发挥作用，确定党建工作重点项目。建立由党组织书记或副书记、党务干部、校长后备人才、青年党员教师等共同组建的项目行动研究团队，集中攻坚党建难题，打造"一校一品"党建工作品牌。

党建重点课题制度。学校党组织要加强对中小学党建工作规律性的研究，调整优化学校党建研究会成员，规范学校党建研究会运行机制，确定党建课程化建设、党员积分制量化考核评价机制、青年党员教师成长动力机制等重点研究课题，形成在研究状态下加强党建工作的机制，切实提高全市中小学党建工作科学化水平。

月度优秀共产党员评选制度。坚持用身边的人和事激励身边人，广泛发动全体党员教职工发现、推荐优秀党员，一月一评选、一月一公示，发挥好身边榜样的示范引领作用，引导党员教师对标学习、赶超先进，使评选过程成为党员自觉参与、自我教育、自我提高的过程，激励大家努力争做办好人民满意教育的排头兵。以此为契机，全面开展党员"亮身份、做承诺"活动，党员照片、承诺全部上墙，在党员活动室、办公室、走廊等公开展示，使党员身份"亮"出来、先锋形象"树"起来。通过组织开展"最美教师"发现宣传活动，组织评选青年教改先锋、优秀乡村青年教师和优秀班主任，扎实开展"四比四提高"转作风促提升行动，全力建设一支讲政治、有情怀、懂教育、善治理、敢担当的新时代学校党员干部队伍。

青年党员教师先锋岗制度。青年党员事关教育和学校的未来，必须高度关注。学校应建立青年党员教师先锋岗团队，建立集党的建设、教学、育人、科研以及"传帮带"等职能于一体的教师合作共同体，发挥好青年党员教师和学科骨干教师的先锋模范和辐射带动作用，持续提升青年教师的党性修养和业务能力，确保党的建设后继有人、教育事业薪火相传。

中学生党团校制度。学校应建立党组织领导下的党团校，加强师生社会主义核心价值观、爱国主义教育，传承红色基因。健全完善中学生党团校章程和工作制度，选优配强首席导师，统筹规划课程内容和形式，积极探索适合学生需求的教育方式，以喜闻乐见的形式开展教育，做到入脑入心。党团校应与学校团组织密切结合，深入开展红心向党梯次培养，努力把每名学生培养成品德好、成绩优、听党话、跟党走的新时代好青年。

党务校务公开制度。学校应将党务校务公开作为民主治理、协商管理的有效形式，健全党内情况通报、情况反映、重大决策征求意见等制度，办好教育惠民服务中心，完善学校办学理事会、校务委员会、教职工代表大会、家长委员会运行机制，保障师生、家长和社会的知情权、参与权和监督权。对职称竞聘、绩效工资分配、教师聘用等事关教职工切身利益的事项，坚持民主公开的原则，经全体教职工 85% 及以上满意度通过后实施，使学校民主管理、民主公开机制更加完善，运行更加规范。

三、党建工作由谁来做，需要有制度来激励

新时代学校党建工作有其专业性和规律性，要按照人岗相适的原则选择最适合的人来做，这是抓好党建工作的人才基础和保障。

落实学校党组织班子优化设置制度。落实好中共中央办公厅印发的《关于建立中小学校党组织领导的校长负责制的意见（试行）》，党组织设置为党委、党总支的中小学校，分设党组织书记、校长，党组织书记不兼

任行政领导职务，校长是中共党员的同时担任党组织副书记；党组织设置为党支部的中小学校，党组织书记、校长由一人担任，同时设 1 名专职副书记；学校行政班子副职中的党员全部进入党组织班子，打造既懂教育教学又熟悉党务工作的学校领导班子。完善纪检机构设置，设党委的学校同步设立纪委，设立党总支（支部）的设置纪检委员，实现学校领导人员履职尽责、潜心育人、清正廉洁。

实施学校党组织书记任职资格制度。 学校要从任职资格、选拔使用、激励保障、考核评价和退出机制等方面，强化党组织书记队伍建设。按照群众威信高、党性观念强、组织能力强、育人能力强、廉洁从教意识强等标准，选优配强中小学校党支部书记，努力建设过硬党组织。

健全完善党务干部激励制度。 学校要把党务工作岗位作为培养干部的重要平台，注重选拔优秀党务工作人员担任学校行政领导，选拔教学业务骨干充实党务工作队伍。把中小学校党务工作者纳入基层党务干部培训范围，加强党规党纪、党建工作、学校管理、廉洁自律等知识和能力培训。抓好党组织书记任职培训、业务培训和专题培训，每年至少集中培训一次。定期举办党务工作技能大赛，以赛促学、以赛促干。学校党务干部与业务干部在岗位等级确定、考核奖励、待遇落实等方面同等对待，兼职党务工作者应计算工作量。优秀党务工作者、优秀共产党员应与同级表彰的优秀教育工作者、优秀教师享受同等待遇。

四、党建工作如何来评价落实，需要用制度来保障

评价是引领，也是保障。学校党建工作要见到实效，就要从党组织、党员以及党建实效等方面建立完善评价制度，切实发挥好评价导向。

一是民主评议党员制度。 结合组织生活会，学校党组织每年应组织一次民主评议党员工作，严格执行集体学习、谈心谈话征求意见、广泛查找

问题、开展批评与自我批评、党员大会民主评议党员、组织评定六个步骤，从维护大局、公道正派、善于学习、业务精通、争先创优、业绩突出、团结同志、言行文明、遵纪守法、清正廉洁等维度对每位党员进行评议，并做出组织评定。结合结果反馈，制定党组织和党员个人整改问题清单，做出整改承诺并落实到位。

二是党建重点工作学年度考核制度。上级党组织要按照"常规管理＋创新发展＋满意度"的原则，制定完善学校党建工作考核办法，可以分平时考核、述职评议、党风廉政建设、创先争优等内容，对各学校抓党建工作情况进行百分制考核，将全体党员对党建工作的满意度作为系数，将学校党的建设情况作为学校绩效考核的前置指标。

三是中小学校党建述职评议制度。上级党组织要开展中小学党建述职评议并形成常态，每年组织教育工委书记就中小学校履行党建主体责任、党建工作开展情况、党建存在的突出问题、加强和改进党建的思路措施等进行述职，同时接受评议。将抓中小学党建述职评议工作纳入年度教育督导，并通报所在党委，作为组织部门考核党建工作的重要依据。定期组织对辖区内中小学校党组织书记开展述职评议，实现述职全覆盖。

四是党建工作满意度评价制度。每学期组织党员教职工对学校党建工作整体情况进行满意度评价，评价结果作为对学校党建考核和党组织书记年度考核的重要指标。这就保证了党建工作能够与教职工的内心期待有效结合、同向而行，教职工认同感能够得到明显提高。

上述四个方面的制度体系设计，基本廓清了在全面推行党组织领导的校长负责制背景下，区域和学校层面党建工作的主要任务，明确了党建工作的责任主体、实施路径和评价跟进机制，处理好党的建设与教育教学"两张皮"、重业务轻党建、以业务代党建、以活动代党建等问题，发挥好党组织在建设教育强国、加快教育现代化中的领导作用，让党的建设各项任务落地见效又切实统领带动实现教育高质量发展。

第二章

先人后事的治理策略

再高效的治理策略，也需要人来实施、来推动。更何况，这些治理策略本身也是由人来设计的。现代教育治理背景下，教育干部的治理素养提升至关重要，需要领导力的重构，需要各个层面理念的转型。

第八讲　干部素养：治理能力进阶的三个维度

如何建设高质量教育体系，是一个时代命题。不同学校教师和学生的在校时间基本一样，但学校的教学质量、办学满意度却迥异，这是因为教育治理的效力有所不同。高质量教育要靠高效能的教育治理体系来支撑，所以要不断提高教育治理的效力。

效率和效力是两个不同的概念，具有不同的含义。一般来说，效率更强调秩序，基于规范和流程；而效力更强调活力，基于每个人的创造。效率更关注在现有秩序的背景下来提高工作质量。所以提高工作效率要基于岗位来探究，即在现有的工作平台上，如何在有限时间内做更多的事情。效力则是没有岗位限制的，"心有多大，舞台就有多大"。讲效力，就是要不断突破传统岗位的限制，在整个组织中发挥作用。因此，从管理的角度看，做教育管理工作，就要关注如何更有效力。

但是，强调效力、强调创造，也不能失去控制。这就要关注系统、流程和体系。每一所学校都是一个生态系统，有组织机构、有教师、有学生，有制度体系、有流程、有评价、有监督、有决策，这是一个系统概念。做任何工作都要有流程和制度，所有做的事情都是其中的一个体系。提高教育治理效力，就要把学校作为一个组织，将其系统、流程和体系研究透彻、研究明白。

提高教育治理效力，既需要管理智慧，也需要管理艺术，总体来讲，就是三个维度：情怀、理念和领导力。情怀是以什么样的心态来面对工作，内心愿不愿意做好工作；理念是有没有自己的思想，用什么样的想法和思路来指导做好工作；领导力是具体怎么去做工作、如何达成预期目标。

第一个维度：情怀

做教育最需要爱与责任，这就是情怀。对教育情怀描述非常到位的是新加坡校长委任状上的那句话："在你的手中是许许多多正在成长中的生命，每一个都如此不同，每一个都如此重要，全部对未来充满着憧憬和梦想，他们都依赖你的指引、塑造及培育，才能成为最好的个人和有用的公民。"校长、教育管理干部有这种情怀才能做好教育。

在具体的教育治理过程中，特别是在强调治理效力的前提下，如何来把握"情怀"呢？

对事业，要有感情，有使命感。现在的教育管理干部工作压力大，岗位任务重，能够在重压之下做好工作的前提是对事业有内在感情，有一种崇高的使命感。

对师生，要负责任，经常换位思考。一名教育管理干部如果学会了换位思考，能经常站在对方的角度来看待问题，那么不论家庭、事业还是人际关系，都能协调处理好，很多事可能也会豁然开朗。

对问题，要找得准，常存危机意识。找得准问题根源，这样才能有的放矢；要有危机意识，对现状和未来有清晰的认知。教育工作者要明确自身处在哪里，面临什么样的形势，可能会遇到什么样的问题。

对未来，要方向明，常研强教之道。无论是一线教师还是教育管理干部，都要明确教育强国建设的目标。要有大情怀，始终牢记"为党育人、为国育才"，看准教育未来的发展方向。

对自我：要定位准，常想应尽之责。教育工作者要找准自身定位，弘扬教育家精神，并基于定位来落实应尽之责。做教育最根本的情怀就是"以为人父母之心，行为人师表之实"。

讲情怀，还要坚守教育规律和人才成长规律。作为教育工作者，深知要遵循规律。但是如果家长不认同、社会不认可，学校的办学方向会不会因此走偏？会不会过于迎合社会的要求？教育要促进每一个孩子"五育"并举、身心健康，要公平对待每一个孩子，但是在分数、升学、奖杯等这些外在标签压力之下，学校教育能不能坚守住这个本心？现在倡导拔尖创新学生培养，但实践中很多学校又回到把好教师、好资源、好设施等都匹配给好学生这条老路上去了。说到底，讲情怀就是要做好两个方面：一是对师生有真正的感情，二是要把基本的规律坚守到位。

第二个维度：理念

区域教育要想领先，得到大家的认可，关键在理念先进。投入、资源、学校建设等都很重要，但最核心的还是办学理念、育人理念、教育理念等。区域教育要用先进的理念来引领事业发展，用先进的理念来赢得尊重。

建设高质量教育体系需要关注以下几个方面。

一是党的要求如何转化。加强党对教育工作的全面领导，党和国家各级教育管理部门都有明确的部署要求。这就要求学校结合实际将党对教育工作的要求转化成治校办学和育人的生动实践。谁会转化、谁转化得好、谁转化得接地气，谁就占有优势。

二是教育规律如何遵循。笔者认为，教育规律至少包括以下四条：一是有教无类。施教者对每个孩子都是一样用心对待，不会因为学习情况和家庭条件的差异，就厚此薄彼。二是因材施教。根据每个孩子成长的不同特点，对每一个孩子施以不同的、适合的教育。三是教学相长。上完一节课，施教者自身如果没有获得感，很难算是优秀的教师。最好的状态是教师和学生都能从教学中获益，互相促进、互相提高。四是知行合一。教是为了不教。通过教学活动，将知识、道理转化为孩子们的实践和行动，才是最重要的。所以，遵循教育规律应体现在每一个教学事件，每一节课，每一次和其他教职工、学生、家长打交道的过程中。

三是育人方向如何聚焦。实际上，育人方向很明确，大的育人方向是培养德智体美劳全面发展的时代新人，小的育人方向有很多，比如培养核心素养、关键品格、关键能力等。从学校层面看，育人方向怎么来聚焦、如何聚焦到位，需要校长和教育干部用心思考。

四是社会期待如何回应。当今社会对教育、对学校的关注度很高。越是名校，社会的关注度越高，家长的期望值越高。如何回应社会期待，引导家长对学校教育有合理的预期？家校社共育是一个办法，也是一种思维转型。

五是绿色生态如何调适。教育为什么这么"卷"？教师觉得"卷"，家长觉得"卷"，孩子的内心也很累。一个地方的教育先进性就是要追求负担轻、质量高。这说起来简单，做起来难。教育工作都要面临"既要、又要、还要"的问题，不是仅做好一件事情就行了，而是同时要做多件事情，还要做得好。绿色生态是教育要追求的目标。这就要求教育管理干部要调试好自己团队的生态，要考虑如何把团队带好，使其充满干劲和激情，这是考验其领导力的核心指标。教师面对班里的孩子，则要考虑如何营造和谐的氛围、建立良好的关系，把教学质量抓上去。

理念超前，事业才能领先。教育做得好的地方，办得好的学校，都是出"思想"、出"理念"、出"大家"的地方。要想把学校办成名校，首先就要理念领先。

当然，理念并不总是"高、大、上、全"。贴合学校实际的一些新思维、新探索，都可称之为先进的理念。只要是有利于师生健康成长的设想，只要是能够指导实践的想法，都是好的理念。

比如，避免某些教师和某些学生独占话语权，这就是一条教育理念。现在倡导探究式学习、合作式学习，学习过程中要倡导学生轮流做组长，让每一个孩子都有发言的机会，避免某一个或某几个学生主导的情况。

比如，经常给师生写暖心便条。这件事情虽然看起来不大，但是很能打动人心，体现了学校对师生的人文关怀。一张暖心便条，背后体现的是学校坚持"教师第一、学生中心"的办学理念，是服务师生成长和发展的价值追求。

再比如，推进科学课与艺术课的融合，这体现了学校的"五育"融合理念。科学教育和艺术教育是相通的，艺术需要想象力，科学也需要想象力。如果学校能够开齐、开全、开好体育课、音乐课，孩子们的科学素养、创新精神和想象力等也能够得到培养。

第三个维度：领导力

有了浓厚的情怀、先进的理念，还要靠强大的领导力来推动落实。现代教育治理更加需要强调如下七个方面的能力。

一是认知力，要精准研判。数字化时代的信息量很大，要做到精准认知、精准研判，就需要认知力。认知力的背后是判断力，甄别哪些是有价值的信息，哪些是真正需要的信息。

二是转化力，要创新创造。面对各级、各部门下发的诸多文件，教育管理干部要学会基于学校问题转化成真招、实招。比如"海绵城市"，看似和学校没有特别的关系，其实其内在概念里的一些内容对学校也适用。学校可以把城市更新的理念转化成改善学校的育人环境的契机，以便各项工作能够得到有力地推进。

三是链接力，要统筹协调。任何一所学校、一个岗位，都不是孤岛，而是一张网、一个平台。要学会和更多的资源进行链接，统筹协调。

四是执行力，要说做结合。经常存在这样的情形：说的理念是一套，但做的又是另一套。原来是一所学校有两张课表的问题，现在是有两套价值观的问题。做到说做结合就是要有执行力。

五是抗压力，要调节身心。每个人都有压力，面对压力，有些人很从容，还能不断出成果，就是因为会调节身心状态。这是做管理者的一项必备能力。

六是学习力，要与时俱进。教育管理干部要增强学习能力，与时俱进，不断涌现新思想、新观念、新方法。

七是影响力，要得到认可。如果想成为一个能够改变孩子未来、改变教育生态的人，就必须要有影响力。影响力不是取决于你的岗位，而是取决于你的能力、素质、专业。

在关注上述七个方面的基础上，如何来具体实施呢？

第一，向上领导。做好向上领导就要研究上级的工作要点，透彻理解上级意图，主动参与谋划，化解上级焦虑，提供有价值的信息，及时汇报工作进展，心甘情愿做别人不愿做的事，发现上级优点并使其增值，最终实现在上级领导面前有话语权。

第二，横向领导。教育管理干部要有理解包容大度的心态，能够换位思考，善于寻找共同点，善于营造和谐的人际关系，敢于暴露自己的缺点，遇到问题及时反馈，最终赢得他人的信赖和尊重。横向领导的重点是先想明白自己能为别人做什么。

第三，向下领导。做好向下领导，要善于发现和处理问题，要培养团队成员，要不断传递愿景，营造民主协商的氛围，要时常鼓励和体谅，还要有幽默感和领导力。

第四，自我领导。做好自我领导，要能调适自己的情绪，执行各项约定，坚持写作记录、自我反思，制订成长计划，不断更新理念，修炼从容、有涵养的人格魅力，充满激情地向着教育家的方向努力。

推动教育治理升级转型，提高治理效力，需要从体系上来思考研究。这个体系包括决策、执行、监督、评价四个方面。其中，决策包括决策什么、怎么决策、谁来决策，执行包括谁来执行、怎么执行、如何参与，监督包括监督什么、谁来监督、谁来监督监督者，评价包括评价什么、怎么评价、结果怎么用。每所学校、每项工作、每个岗位需要结合这四个方面进行深入思考。需要强调的是，作为教育管理干部，最需要的是抑制住想要控制事情的冲动，不要总想着控制别人、控制团队、控制某一项工作、控制某个平台。只有充分地放权、授权，才能创新、搞活，才能出效力。

当情怀、理念和领导力融为一体，推动教育管理干部成长的路径和台阶又有哪些呢？基于日常工作实践，笔者认为应当从五个层面来研究。这五个层面代表着不同的履职能力和素养标准。

第一个层面，职责履行。这是第一个层级的成长阶梯，就是岗位胜任力要强，职责要履行得好。这需要每个人清楚地认知自己的岗位职责、岗位权限，判断与现在开展的工作是否有很强的一致性。根据岗位的核心职责，按照事项的轻重缓急，逐一列出清单。这里面很重要的是责任感与奉献度，这也是考量岗位职责履行情况的重要指标。

第二个层面，认可认同。这里面很重要的有三个方面：一是信任，得到下属认可、同级认可、上级认可。二是关心与被关心，营造温馨舒适的团队氛围。三是人际关系调适，教育学首先是关系学，要特别处理好家校之间、师生之间、生生之间、师师之间的关系，对工作、对生活、对学生、对家长要有耐心。耐心最能看出一个人的可持续发展力。

第三个层面，创造业绩。一个人要想在单位立足，最基本的一点就是为单位创造价值。作为教育管理干部，就要想如何推动学校育人质量提升，如何助力学校治校办学水平提升。毕竟，只有业务能力强的人，才能成为团队的中坚力量。

第四个层面，培养人才。教育管理干部要"善为人师"。这里的为人师，指的是成为别人的成长导师，成为素养提升的引领者，甘心为他人付出，成就团队的成长。如果一个人到了能培养人才的高度，基本上就是一个很成功的管理者。当一个人结束管理履历、踏上新台阶的时候，回过头来看，其在岗位上培养了一批人才，这绝对是人生价值的重要体现。

第五个层面，人格魅力。教育管理干部要成为有趣的人、有思想的人、有影响力的人。孩子喜欢的老师都是有趣的老师。现在好多新老师是90后、00后，他们喜欢的管理干部一定不是呆板而是有趣的。如何让他们认可、信任，就需要用自身魅力来感染。

当然，任何理念的更新和行动变革都要靠教师来实施。教师也应当具备一些新的特质，即情怀更深，专业更优，格局更大，心态更好。这四条中的每一条都可以结合各自学校实际去具体量化。情怀更深，就是要常思常想"假如我是个孩子""假如是我的孩子""以为人父母之心行为人师表之实""公平对待每一位学生"等；专业更优，就是要做到理论深厚、理念先进、精准教学，主动适应跨学科育人、主动研究评价方式变革、树牢学科思维等；格局更大，就是要坚持为党育人、为国育才，始终心怀教育家精神，做到育分与育人相统一，立足学段前后看，立足学科左右看，立足学校内外看等；心态更好，就是要着眼长远，注重体育强校、拥有艺术爱好、养成阅读习惯、善于反思，实现人与事业共同成长。

教育管理干部要学会从宏观、中观和微观三个层面来看教育。宏观层面，教育治理要关注效力，注重机制建设；中观层面，学校运行要关注活力，注重制度建设；微观层面，师生成长要关注动力，注重文化建设。具体来说，在推进方式上，注重项目化，实施重点突破；注重平台化，推动要素集聚；注重扁平化，实现高效协同；注重专业化，突出育人导向；注重人文化，坚持先人后事；注重数智化，体现赋能提质；注重品牌化，强调愿景目标。不断提高教育治理效力，要靠情怀、靠理念、靠领导力，教育管理干部要成为理念引领者、教育改革者、躬身实践者和先人后事者，赢得师生、家长和社会的尊重。

校长领导力：基于党组织领导的重构

建立中小学校党组织领导的校长负责制之后，中小学校长的领导力亟须重构。此前，关于中小学校长领导力的研究和建构，大多是基于教育部2013 年印发的《义务教育学校校长专业标准》和2015 年印发的《普通高中校长专业标准》《中等职业学校校长专业标准》《幼儿园园长专业标准》等系列文件来设计的，更加强调或是突出校长的专业水平和治校育人能力。在新的中小学校领导机制调整之后，必然引发学校层面治理体系和运行机制的深度变革，校长领导力的框架体系也就需要重新定位和构建。

一、党组织领导的校长负责制对校长岗位及履职定位带来的影响变化

《中华人民共和国教育法》规定："学校及其他教育机构的校长或者主要行政负责人必须由具有中华人民共和国国籍、在中国境内定居、并具备国家规定任职条件的公民担任，其任免按照国家有关规定办理。学校的教学及其他行政管理，由校长负责。"这也是我们常说的学校实行校长负责制的来源和依据。从校长的选任和管理角度看，2017 年印发的《中小学校领导人员管理暂行办法》提出："落实中小学校长负责制，保障学校办学自主权，支持领导人员依法依规履行职责。倡导教育家办学，鼓励领导

人员在实践中大胆探索创新，形成教学特色和办学风格。"这是对中小学校长负责制比较具体的表述和要求，提出要保障学校办学自主权，并鼓励校长探索创新。

2022 年印发的《关于建立中小学校党组织领导的校长负责制的意见（试行）》（简称《文件》），对中小学校领导体制和运行机制做出了重大调整，提出要发挥党组织领导作用，保证校长依法依规行使职权，建立健全党组织统一领导、党政分工合作、协调运行的工作机制。《文件》对中小学校党组织领导作用的发挥，提出了"把方向、管大局、做决策、抓班子、带队伍、保落实"的领导职责，并列出了详细具体的要求。建立这一新的体制之后，中小学校更加明确和强调了党组织的领导地位，对支持和保证校长行使职权做出"校长在学校党组织领导下，依法依规行使职权，按照学校党组织有关决议，全面负责学校的教育教学和行政管理等工作"的规定要求，并列出了研究拟订和执行学校发展规划、基本管理制度、内部教育教学管理组织机构设置方案等十个方面的具体职责清单。在中小学校领导体制调整之后，校长的履职清单如何在学校层面落实到位，对中小学校长领导力的建构和实施提出了新的具体要求。

《文件》中对中小学校党组织书记的总体素质提出了比较明确的标准，就是党性强、懂教育、会管理、有威信、善于做思想政治工作，对中小学校长的总体素质要求则是政治过硬、品德高尚、业务精湛、治校有方。中小学的书记、校长总体要求有所框定并突出各自的重点之后，作为校长，其领导力就应围绕这四大方面，做出相应的调整、优化、细化和具体化。比如，政治过硬应涵盖哪些维度，如何来推进实施？品德高尚如何可视化显现并发挥其影响力？业务精湛主要包括哪些方面，如何体现并引导学校按照育人规律来办学？治校有方需要通过哪些能力素养的锻造或者提升来有效达成？这些都需要列出框架体系和行动路向，需要对校长领导力进行重构。

《文件》还明确提出，党组织设置为党委、党总支的中小学校，党组织书记、校长一般应当分设，党组织书记一般不兼任行政领导职务，校长是中共党员的应当同时担任党组织副书记；党组织设置为党支部的中小学校，党组织书记、校长一般由一人担任，同时应当设 1 名专职副书记。在这种背景下，校长如何更好履行职责，真正做到到位不越位，构建高效务实、风清气正的校园文化，这些都值得认真研究。党组织书记和校长"一肩挑"的学校，在履行好党组织书记职责的同时，校长应具备哪些领导力？党组织书记和校长分设的学校，书记和校长既要有明确的履职"责任田"，也要协同沟通凝聚合力来治校育人。这些都需要我们对校长的领导力进行重构和框定。

进入新时代以来，党和国家对教育做出了一系列新部署，提出要全面贯彻党的教育方针，聚焦"培养什么人、怎样培养人、为谁培养人"，落实立德树人根本任务，培养德智体美劳全面发展的时代新人。党的二十大又把教育、科技、人才摆在基础性、战略性位置，提出加快教育现代化，建设教育强国战略，教育优先发展的位置和地位进一步强化。特别是在弘扬教育家精神的过程中，各个层面都更加期待校长的专业作为，期待更多的校长、教师主动以成为教育家为目标引领，来办好学校、教好学生、成就自我。上述这些方面，最终都需要在学校层面得到不折不扣的落实，而校长则是具体的谋划者、调度者和推动者。因此，有必要对校长的领导力进行重新梳理和研究，建构符合教育规律、符合育人规律、符合人的成长规律又具有鲜明时代特性的指标体系，并建立起保障落地的制度机制。

二、关于中小学校长领导力的分层分类框定

基于中小学校党组织领导的校长负责制这一时代背景，结合中小学校数量多、战线长、办学规模不一、办学实际和育人特色迥异等各种现实因素，在研制校长领导力指标时，不应该采取单向表述、平推直叙的横向

架构，而应当按照校长的职责任务要求和任职学校的特点，来分层分类设计。毕竟，校长领导力要体现在激发每一所学校的办学活力、激发每一位校长的办学动力上，并最终体现在促进每一位师生健康成长上。基于长期的基层教育治理实践和对中小学校长的跟踪观照，笔者认为，可以从核心领导力、重要领导力和关联领导力三个层级来系统设计并研制校长领导力的指标和框架体系。

（一）核心领导力的指标构成及主要指向

核心领导力是指校长必须具备并在日常治校办学中不断加以修炼的关键性、基础性领导力。核心领导力是校长的基本功，不同类型学校的校长还可以围绕这些方面来生发出具体的办学智慧和办学经验。

政治引领力。 尽管中小学校实行党组织领导的校长负责制之后，抓好学校党的建设是党组织书记的主责主业。但作为校长，同样应把贯彻党的教育方针、保证社会主义办学方向、落实立德树人根本任务、加强思政和德育工作等大事要事放在心上、摆在首位，在日常教育教学和管理中抓好贯彻落实，发挥好示范带动作用，并督促广大教职工来自觉践行。把党和国家对教育的要求，全方位落实在各项育人实践中，这也是对校长"政治过硬"要求的具体体现。

规划引导力。 校长负有牵头制定学校发展章程、规划以及行动落实纲要等职责。各个国家的校长专业标准都不约而同地将"规划学校发展"列为校长专业标准之一，将其列为校长的"必修课"。能够科学规划涉及学校发展的各项重大事务并带领广大教职工将规划转化为办学现实，是一项很重要的领导力。此外，学校的人才培养规划、课程建设规划、教师队伍建设规划、家校社共育规划和资源统筹规划等的制定和实施，都是考量校长领导力的重要方面。

文化建构力。 办好学校，靠理念引领、靠制度跟进，也靠文化浸润。

什么样的文化氛围，孕育什么样的教育生态和育人生态。校长如何建设校园文化，倡导什么、抵制什么、弘扬什么、反对什么，都是领导力的外在表现。在建设校园文化的过程中，校长应关注学校办学目标、育人目标、管理目标等与学校文化设计、实施的一致性。良好的校园文化会将正确的价值观、责任感和使命感等，在春风化雨中成为师生的行动自觉。

教学评价力。 校长要想领导教学、领导课程建设，必须具备教学评价能力。泰勒认为，教育评价过程在本质上是确定课程和教学计划实际达到教育目标的程度的过程。校长的教学评价力，既能保障教育评价改革总体方案在学校层面的落地，也有利于保障教学在学校的中心地位。校长应不断提升教学评价力，推动学校各项教学工作都能按照育人规律和有关要求进行，用教学评价力来牵引课程改革，推进课堂提质，实施教学改进行动，全面提高学校的教育教学质量。

沟通协调力。 实行党组织领导的校长负责制，需要党组织书记和校长之间有充分的沟通。对党组织研究确定的重大事项，校长在组织落实时，也需要协调各个层面，包括校内校外、家校社等方面来齐心合力。此外，在倡导民主协商、凡事都要"求得最大公约数"的治理思维下，校长的沟通协调力就显得更为重要。我们经常听到的"教师的事情教师商量着办""没有解决不了的难事，只有不到位的沟通"等，都是在治校办学中各方期待更高水平、更富成效的沟通协调力的生动写照。

学习提升力。 新时代的校长面临一系列新形势新机遇新挑战，必须要把学习提高、自我成长摆在更加重要的位置上。党和国家对教育提出的新要求、新理念、新思路，校长需要学习领会。教育学、管理学等各个方面的经典理论和现实案例，校长需要学习研究。国内外各类学校在治校办学中的先进经验，校长需要学习借鉴。日新月异的技术进步，校长更需要学习把握。在技术变革热潮中，校长不要把校园变为"封闭地带"，而是要做新技术的呼唤者、使用者和示范者，也就是领导者。

（二） 重要领导力的指标构成及主要指向

除了上述的核心领导力，校长还需要具备一些重要领导力。在对各类学校深度分析的基础上，笔者认为，校长还需要如下七个方面的领导能力。这七个方面的能力没有涵盖方方面面，主要聚焦"如何做"，对治校办学、学校日常管理来说都是比较重要的。

转化力。从学校运行实践来看，转化力主要是指三个方面，一是将上级政策、制度设计等更好转化为学校层面的教学育人实践。二是把别人先进的治校经验内化为自己的办学行为。三是把学校党组织研究通过的事项逐一转化为具体有效的学校管理行动。在当下，校长的转化力日益凸显，"转化什么、如何转化、怎么评价"需要更加关注。"转化"二字，重在"化"，即巧妙地化为自身行为、化为办学实效、化为育人功效。

创新力。在日常教育教学及行政事务管理过程中，如何找准创新点，通过统筹设计、推进落实从而促进学校发展，这十分考验校长的领导力。有人说，学校工作头绪多、常规性任务多，哪里来的那么多创新？这里所说的创新，绝不是为了创新而创新。师生每天都在成长变化，没有一成不变的管理和教学办法，唯有不断地跟进和创新。校长创新力就体现在对创新的认识、发现、实施、评价以及制度供给等方面。

判断力。校长每天都要面对大量信息、面临各种选择。面对经济社会发展的大形势、立德树人的大方向、网络和现实中扑面而来的信息，校长必须具备判断力，做出迅速而准确的判断。这种判断力，也包括预判力，就是常说的"一叶落而知秋"，即能够看长远、看变化、看问题背后的问题。

链接力。在数字化时代，要满足师生发展需要，必须要链接各类资源、集合各方面的智慧来建设运营平台型学校。从校长领导力的角度来看，推动数字化治理，要靠校长治理思维的转型、数字素养的提升、校内资源数字化改进和校内外各类资源的发现和链接。如何链接更多的人、更多的资源和信息，成为办好学校的重要能力。

亲和力。 校长是学校里的领导者，应秉持与人为善、先人后己的理念，始终保持亲和形象。有的青年教师心目中好校长的特质，是严厉却不苛责、宽容却不纵容，正如鲁迅先生在三味书屋"亦庄亦谐、亦学亦玩"生活那样。如此，我们的学校，何愁师生不心向往之？有亲和力的校长，自然为师生、为社会所尊重并敬仰。

公信力。 校长作为领导者，没有公信力是不行的。这种公信力来自一以贯之的管理表现，包括言而有信、率先垂范、对事不对人等。笔者曾就"你心目中的好校长"做过大样本的调查，广大教职工反馈最集中的就是"公道正派"。所以，公信力是校长应具备的一项重要领导力。

抗压力。 叔本华说："人性一个最特别的弱点，就是在意别人如何看待自己。"特别是在数字化时代，各种信息纷至沓来，当负面的信息涌现时，校长如何保持良好的心态？如何调适自己的身心？学校每天大事小情、各类问题层出不穷，校长必须做到有条不紊地处置到位。在复杂多变的学校管理工作中，抗压力也是校长领导学校、领导自我的重要能力。

(三) 关联领导力的指标构成及主要指向

关联领导力是第三个层面的领导力，是校长在具体事务协调和处理过程中，需要具备的一些相对比较实用、前沿化、关联度高的领导力。

立足学科的研究力。 研究力是校长在面对各类问题时，依靠自身专业基础和实践经验，综合运用相关资源和方法，通过深入分析、研究解决问题的能力。这里面最核心的就是立足学科和课堂教学的研究力。因为，校长首先是一名教师，提升校长研究力，特别是立足自己任教学科的研究力，既是其自身专业发展的需要，更是引领教师专业成长、赢得师生认可和尊重的关键。校长有较强的研究力，必将带动学校形成浓厚的研究氛围，对营造良好育人文化、提升教育教学质量也将发挥重要的积极作用。因此，对于有条件的校长，应倡导他们继续从事课堂教学。但需要提醒的是不能因此忽视其他学科和其他管理事项，也要避免校长过度关注自身的学科，让时间、精力和资源更多流向这一学科，造成学科之间、教学和管理之间实质上的发展不平衡。

区域发展的预见力。教育发展总是与区域经济社会发展保持协同一致，一所学校的发展同样如此。区域发展的趋势、变化等都会影响学校办学水平。校长需要面向未来，着眼大局和教育改革、学校发展的方向，提前预见、及时研判可能面对的问题、情形，准确找到解决应对的方法和路径。

区域教育的参与力。校长应主动融入区域教育发展大局，积极参与区域教育治理，提出建议、对策。除教育事务之外，一些文化类事务，校长也应积极参与，做出应有的贡献，这也是校长作为知识分子或者文化传承者应尽的义务和责任。

家教家风的示范力。校长是区域教育的代表者，是许多人关注的焦点。比如，校长如何培养自己的孩子、如何建设学习型家庭等，都会潜移默化影响街坊四邻、影响社会公众。保持良好的家教家风，不断涵养家庭美德等方面的能力，需要校长重视并做好示范。

规律把控的笃定力。西内启在《看穿一切数字的统计学》中写道："不可思议的是，一旦提到与教育相关的问题，就算是对教育一无所知的人也会提出自己的意见和看法。"在数字化时代，我们感受到越来越多的不确定性，甚至唯一不变的就是变化。但是，在变化中也应笃定内心、遵循规律。作为校长，需要坚持育人规律、教育规律，不能随波逐流。办好学校的笃定力，需要校长关注并修炼。

社会层面的影响力。一定意义上讲，校长在社会上有较高的影响力。校长的育人理念、育人方式、育人成效等，社会都非常关注。校长应通过自身的影响力，引导社会和公众正确看待教育、看待学校，营造和谐绿色的教育生态。

三、校长领导力重构后如何在治校办学和自身专业发展中遵循和践行

领导力的发挥关键在行动，检验领导力成效的关键在治校办学实效。校长领导力应以育人实践为检验标准，以人的成长变化为评价基点，特别突出行动导向。在中小学校党组织领导的校长负责制背景下，校长的领导力重构之后，如何遵循、践行并发挥实效，需要制度机制的跟进和保障。

注重模型化和标准化的引导。在推进党组织领导的校长负责制变革中，应迅即启动校长领导力重构的研究和制度设计。国家层面，应对中小学（幼儿园）校（园）长专业标准进行修订，提出指向明确的领导力标准。鼓励各类教育智库和教研组织，对照校长职务所需的核心领导力、重要领导力和关联领导力，结合各地各类学校的不同实际和对中小学校长的不同要求，构建相应的领导力模型，供校长和有志于走上校长岗位的后备人才（干部）研究和参照；还应引导各中小学校长，结合各自岗位，反思自身能力素养，研制个性化、成长型、可视化的领导力模型，作为重构和提升领导力的行动指南。

突出个别化和多样化的实施。分层分类重构校长领导力标准体系，就是希望基于校长任职学校和自身实际，来增加多元的选择性，明确不同阶段、不同人选的重点提升内容。鼓励校长基于不同任职经历和个性特征，"缺什么补什么"，有针对性地提升个性化的领导力。当然，校长的领导力，应当在治校办学实践中不断提升完善，这应是校长需要经常思考的一项日常课题。

构建与引导力一致的评价体系。校长的领导力需要与任职学校实际和

自身成长实际相匹配，应当不断重构完善。领导力指标体系在实施过程中需要不断矫正，这就需要配套建立起相应的评价体系。这里需要明晰校长的领导力和管理能力、管理素养之间的关系，它们不能等同而论，评价的视角也不一样。重构多层级多维度的领导力模型，便于校长进行自我评价。同时，将领导力设计与成效，作为对校长素养和学校办学水平评价的重要指标，有助于实现校长领导力提升与学校办学水平提升，实现人与事业共同成长。

校长领导力提升需要与时代发展同频共振。核心领导力、重要领导力和关联领导力三个层面的领导力设计，基本涵盖了一位优秀校长办出高质量学校所应具备的各方面领导力。但是，中小学校长领导力模型和架构并不是一成不变的，需要结合党和国家的新要求、教育发展的新情况、教育治理的新变化，乃至每所学校的新实际、每位校长的新需要，不断丰富完善。但是无论如何，弘扬教育家精神，办好人民满意的教育，应是校长领导力重构后力求达成的目标和追求。

总之，中小学校党组织领导的校长负责制，是教育管理体制和学校治理体系的重大调整，其目的是坚持和加强党对中小学校的全面领导，保证党的教育方针和党中央决策部署在中小学校得到贯彻落实。中小学校长的领导力重构，无论是内容、设计还是推进实施，都应与此目标一致、行动一致。

先人后事：六项转变引领育人方式升级

推动普通高中新课程新教材有效实施和育人方式转变，需要系统设计、整体推进，突出制度机制创新。其中，以先人后事理念为指导，通过与普通高中发展紧密相关的六个方面"人"的因素转变来推动深度变革，是一条可行路径。当然，人是复杂变量，改变需要一个很长的过程。特别是高中阶段，实施人事制度改革尤为谨慎，需要不断探索。

从当前情况来看，大部分地区的高中教育正在发生变化。第一，在新高考、新课程、新教材的背景下，普通高中正在向我们期待的样态转型。但是与社会的期待相比，需要继续加快改变的速度。新高考是一项深刻的变革，实施这么多年以来，学校和教师如何应对，家长和社会如何看待，孩子的学习方式如何转变，还有很长的路要走。第二，建设高质量教育体系成为愈发重要的目标。一说起提高教育质量，好多普通高中从实践上又走回头路，选择了原来非常擅长的加班加点、频繁考试、满堂灌这些传统的老路子。从基层的视角看，规范办学的压力越来越大了。第三，普通高中学位紧缺的时代基本上已经过去，至少不再那么稀缺。各地的高中优质学位都在扩增，加之职业教育的高质量、融合型发展，以及规范民办义务教育之后，好多民办义务教育学校转型为高中阶段学校并扩大招生规模。在高中学位不再紧缺的时代，未来的高中学校应该往哪里走？靠什么赢得竞争？推动普通高中深度改革，应该充分考虑这些问题。

如何来应对和突破这些问题呢？答案应当是，坚持先人后事，以制度创新推动高中校长、高中教师、高中班主任、高中学生家长、高中教研员和教育行政干部这六个主体的转变，实现整个高中阶段育人方式和学生学习方式的变革，从而实现高质量发展。高质量的高中教育，一是促进每一位高中学生身心健康成长，充分体现个别化、差异化；二是质量提高，没有高质量就没有教学的认可度；三是办学规范，落实党的教育方针，实施素质教育；四是社会满意，办好人民满意的高中学校。高质量是新时代的新要求，不是重走唯成绩、唯升学的"回头路"。

第一，从高中校长的角度来讲，要从追求控制力、领导力向追求影响力、行动力转变。做高中校长特别不容易，因为高中学校摊子很大、学生很多、社会关注度很高。从常态来看，高中学校日常管理的任务确实很重。高中校长要想实现管理的转型，应考虑如下几个方面的转变。

一是从把控局面向多元共治转变。由于高中学校办学挑战多，所以很多校长首先追求的是管控，能够"到边到沿"地把控学校运行。管控当然很重要，但校长不能仅仅停留在这一步，而应持续推动自身从管控型、领导型向治理型、行动型转变。高中教育强调质量导向，办学方式更加体现效率。校长应该更多地倾听教师的声音、家长的声音、社会的声音，推动多元参与，从把控局面向多元共治转变。

二是从行政领导力向行动影响力转变。这并不意味着领导力不重要，其实影响力也是领导力的体现。相较之行政领导力，校长的行动影响力对教师的影响更大。比如，经常提到的课程领导力，即校长如何有效领导教学。从普通高中的实践来看，在课程领导力、课程建设、课程改革等方面，学校的导向和教师的实践存在脱节。学校层面追求的价值观和课程改革目标，怎么真正落实到教师的课堂上，需要高中校长更多的实际引导，采取更多实实在在的行动，从领导教学转向影响教师，让教师发自内心地改变。

　　三是从规划理念到示范引导转变。愿景规划非常重要，用理念、规划来引导学校的发展是一种智慧。但对高中学校来讲，师生期待校长的引导能够更多地体现在行动上，亲自示范、亲自上手，以极高的专业修为做教师的教师。

　　四是从**管理体制向治理体系转变**。高中校长应更多、更充分地考虑如何推动学校的管理制度从管控型、执行型向更多维度、更丰富样态、更加扁平化管理等方面转变，最终实现高中的特色化和品牌化发展。高中学校在实现特色化的同时，还要逐步实现办学的品牌化，用品牌在社会上赢得尊重和认可。

　　从机制上看，要通过不断深化校长职级制改革来保障上述转变。一方面，健全高中校长职级评定评价体系，用评价引领高中校长向治理型转变，提升其治校育人能力。另一方面，建立校长个人成长的梯次体系，为其从后备校长到胜任型、示范型、领军型校长搭建平台。遴选部分优秀高中校长作为领军型校长，充分发挥其带动作用。选拔一批特别优秀的年轻干部作为高中校长的后备人才，强化对其治理能力和育人水平的培养培训。

　　另外，普通高中学校往哪里转型，需要科学详细、比较具体的评价方案来引领，需要一整套对"双新"改革示范高中学校的评价指标体系。这套评价体系涵盖六个方面的要素：一是办学理念，学校要有正确的办学理念，这是方向，也是前置要求；二是课程实施，首先要开齐开全开好课程，然后根据选课走班的实践，丰富课程样态；三是教学改革，高中学校的办学水平根本体现在课堂教学效能上；四是育人质量，这是一所高中学校的核心所在；五是条件保障，包括教师队伍建设、人财物资源的保障等；六是规范办学，贯彻党的教育方针，体现素质教育导向。当然，在此评价体系之上，还要有一个对区域教育总体的评价体系，引导整个区域追求"轻负优质"的绿色生态。

第二，从高中教师的角度来讲，要从讲授型、控制型向高素质、创新型转变。要弄清楚从"教"走向"学"，首先就要梳理明白什么是"教"、什么是"学"，从"教"走向"学"最显性的样态是什么，最根本的呈现是什么，在学生身上表现为什么等具体问题。现在，高中课堂更多还是讲授型、控制型，教师不敢放手，不知道怎么放手，拿不准从哪里放手。这需要从点上突破，以点带面，推动高中教师向高素质和创新型转型。

现在的高中教师遇到了很多的挑战，其中比较重要的、比较聚焦的有以下几点：

一是学生成长多元化。以前的高中学生，大部分是义务教育阶段结束、中考择优之后进入高中学校的，其知识来源大部分是课堂、教材学习。但是现在孩子接触知识的机会、空间是泛在的、多元化的，每个孩子成长的渠道都是不一样的。尽管经过了中考的筛选，但每个孩子不同学科表现差异很大，学习习惯和行为迥异。以往，某一名孩子学习好，往往其他各科成绩都很好，很均衡。但是现在，有些孩子各个学科之间不均衡、差异化的特点体现得越来越明显，而且很多优秀孩子在某一学科上具有超常的能力。如何满足这些成长多元化、特征鲜明的新高中学生？这是高中学校和教师需要考虑的。

二是学习方式多样化。原来的学生基本靠教师课堂讲授和教师的引导来提高成绩。现在有各种各样的学习方式可供选择，并且很多家长也是学习型家长，为孩子们提供了更丰富、更个性的学习支持。学校该如何应对？如何让更多的学习资源有序进入校园、进入班级？如何让孩子们学会选择最恰当的学习方式？

三是育人体系贯通化。普通高中新课程新教材实施强调初高衔接，义务教育新课标又强调九年一贯育人体系建设，这与新高考改革和拔尖创新人才培养要求等高度契合。在强化育人体系贯通化的背景下，高中教师应该怎么做？如何在更长的育人链条上看教育、当老师？这些问题值得深思、研究。

四是跨学科融合学习。发展学生核心素养和关键能力有赖于跨学科课程融合。基于学科教学而配备的教师，怎么应对跨学科学习方式的转变，这是一个不小的挑战。

我们需要高素质的高中教师。这种高素质，一方面体现在情怀更深、专业更优。高中教师应该更懂孩子的身心发展规律，有更深的理论功底和更强的学科思维，会精准育人，在评价方式上有自己的独到之处。另一方面体现在格局更大、心态更好。高中三年是对孩子人生影响最大的三年。高中教师要做到"立足高中往前看、立足高中往后看、立足高中往外看"。立足高中往前看，就要科学精准地分析学情，给每个孩子提供最适合的教育。立足高中往后看，就要弄清大学需要培养什么样的人才，让高中教育与大学人才的培养接轨。立足高中往外看，就要看清整个经济社会的发展趋势，回过头来看如何培养高中学生。高中教师压力普遍很大，所以需要良好的心态，要在繁杂的教学育人事务之外，保持自己的身心健康。

从高中学生的学业成绩来看，做创新型高中教师需要聚焦"两个三"。第一个"三"是要抓好学习的三个方面，包括学生的学习动机、学习方法和学习毅力。抓好这三个方面能够帮助学生提高成绩。高中教师要研究如何在激发学生的学习动机上创新，如何在改进学生的学习方法上创新，如何在持续地保持学生的学习毅力上创新。第二个"三"是要调适好三个关系，包括同伴关系、师生关系和亲子关系。同伴关系非常重要，因为高中学生正处在青春期，同伴关系的变化可能会极大地影响到学业成绩。师生关系更加重要，亲其师才能信其道。家校关系也是教师应当关注的重点，从而对学生的亲子关系有所把握。

如何调动高中教师的积极性，让他们自觉自发地实现这种转型？潍坊市通过实施教师"三定三聘三评"改革，建立起一整套的普通高中教师动力机制。首先，给每一所高中学校核定编制总量，核定职称岗位总量，核定绩效工资总量。其次，由学校来进行相应的聘任。一是聘任工作岗位，二是聘任职称岗位，三是聘任层级岗位。最后，评价教师的师德素养、业绩表现、专业水平。通过"三定三聘三评"改革，激发教师队伍内在活力和追求专业发展的内在动力。

除此之外，要特别突出对高中青年教师的关心关爱。青年教师的需求是很丰富的，包括学习有资源、授课有指导、育人有帮助、交流有平台、展示有舞台、政策有解读、生活有关怀、成绩有认同、创新有鼓励、公平有保障等，学校应当逐条逐项抓好落实。一所学校对青年教师的态度，体现了这所学校的情怀和品质。

第三，从高中班主任的角度来讲，要从督促型、事务型向导师型、激励型转变。班主任队伍特别重要，高中班主任更是如此。对于实行寄宿制的高中学校来说，由于孩子们待在学校的时间更长，班主任的作用就显得更加重要。

传统的高中班主任，主要职责是组织活动、督促学习、加强管理，还要负责一些诸如学杂费收缴、安全事项宣传、主题班会组织等事务性工作，这些是一位优秀的事务型班主任应当做好的。要转向导师型、激励型班主任，既需要能力提升，也需要制度跟进。高中班主任的工作千头万绪，不仅是班级秩序的管理者、日常事务的督促者，还是班级文化的建设者、同伴关系的调适者、生涯规划的指导者、主题活动的组织者、家校沟通的联络者，等等，涉及校情、教情、学情、家情，事关学校大局。

比如，高中班主任要强化家校沟通，而每一位家长都是不一样的；要调适学生的心理动态，每位学生的心理是随时波动、不断变化的；要构建学生之间科学健康的同伴关系，每位学生的个性也是不一样的，这就需要班主任具备精准切入、有效链接的能力。此外，班主任还要沟通协调学科教师的关系，形成教学育合力，这需要极强的沟通协调能力。另如建设班级文化、设计学生活动、指导生涯规划等，无一不需要极高的专业修养和丰富的实践经验。在选课走班背景下，高中班主任的配备选聘、职责与任务、待遇与权利、培养与培训、考核与奖惩等，都面临着新的挑战，需要制度机制创新。

加强高中班主任队伍建设不仅是学校的责任，更需要引起教育主管部门以及党委、政府的高度关注，通过匹配更多的资源和制度，共同营造从事班主任有待遇、有地位、有前景，优秀教师都来争当班主任的良好氛围。

第四，从高中学生家长的角度来讲，要从保障型、放任型向协同型、智慧型转变。义务教育学段普遍重视家庭教育，注重家长的参与。高中学校该如何凝聚学生家长的合力？如何让家长发挥正向的激励作用而不是反向的拉低作用？良好的亲子关系对高中学业质量的影响不能忽视。引导高中学生家长向协同型和智慧型转变，是普通高中必不可少的一项工作。

从日常来看，高中学生家长大多分为这样几个类别：一是过度保障型。即所有的事项都替孩子想到，事无巨细地来代替完成，让孩子"一心只读圣贤书"。二是放手不管型。家长认为孩子已经上了高中，学校抓得很紧，孩子学习是学校和教师的事，对孩子完全不管不问。三是唠叨指责型。家长总是批评自己的孩子、赞誉别人的孩子，让孩子深受打击。四是层层加码型。高中孩子在学校已经压力很大了，家长还要再往上加码，增加作业、增加培训等，置孩子的身心健康于不顾。对于各种类型的家长，怎样求得一种协同和认同，怎样让他们按照科学的育人规律来保障高中孩子的身心健康，需要认真研究。

建好高中家长学校是一种有效提升学校家庭教育指导力的方式，每一所高中学校在家庭教育指导方面都应有队伍、有组织、有课程、有评价。高中学校至少应确定一名校级干部担任家长学校的负责人，从学校内部选拔部分育人经验丰富、沟通能力强的教师加入家长学校担任指导教师。针对不同的家长群体，开发丰富的家长课程，精准施教。对家长学校工作情况，要建立评价机制，使其真正落到实处。

第五，从高中教研员的角度来讲，要从评价型、指导型向共生型、导引型转变。高中教研员都是从优秀教师中选拔的精英，有丰富的课堂教学经验。在推动高中教育深度变革的背景下，高中教研员应该怎么做？从实践来看，现在很多高中教研员将大部分时间和精力都花在入校评价、入课堂听评课、组织考试命题以及按学生考试成绩给高中学校排名并进行分析等具体事务上。教研员需要向共生型、导引型转变。

比如，现在高中学校普遍采用"导学案"来组织教学。但是在新课程新教材实施之后，教材中丰富的情景、翔实的案例、学科之间融合的要素等，在很多学校的导学案中见不到踪影。导学案的编制过于导向考试化。如何让导学案与新课程新教材更好地结合，需要高中教研员有所作为。再者，从"教"走向"学"的教学样态的实现，需要有可行的路径和实践样态的案例，这些都需要教研员来引领和示范。

新时代的高中教研员首先应该是共生型，与教师共同做课题、做项目，是教师日常教学和校本教研的同行者，做教师的朋友和知心人。高中教研员还要承担导引者的角色，既要指导教师改进教学，还要引领教师专业发展方向，做教师的教师和引路人。每一门学科未来的发展方向在哪里，有哪些路径来实施，高中教师应当如何去做，这些都需要高中教研员提供答案。

因此，应当对教研机构的设置、教研员的职责、教研队伍的加强、专业标准的落实以及一些关键能力的提升等方面提出具体明确的要求和落实的举措。更加重视和突出高中教研员队伍建设，提升教研员的素养和引领能力，并建立激励机制，让教研员更好地发挥作用，是促进高中教育深度变革的重要渠道。

第六，从教育行政干部的角度来讲，要从重考核、重规范向重保障、重创新来转变。教育行政部门与高中学校之间的关系，更多的是考核、规范，在加强对高中学校育人质量的考核评价和促进规范办学的基础上开展工作。在"双新"改革背景下，教育行政部门应该更多转向对高中办学的保障和激励，转向对高中教育教学改革创新的引领和带动。如果教育管理方式不转型，高中学校就要浪费大量本应用于教育教学的时间来准备各种考核、评价和检查。而这些检查和评价往往并不能正向推动高中教育高质量发展。教育行政部门应当转变为制度的设计者、平台的搭建者、程序的监督者和办学的保障者，设计更多激励高中自主发展的制度，搭建更多让普通高中教师成长成才的平台，监督普通高中日常办学规范，并满足治校办学的资源需求。

要想助力普通高中变革，教育行政部门干部应研究好四个方面：一是上级政策的转化，要深入研究如何把党和国家的育人要求转化成每一所高中学校生动的实践。二是现有资源的统筹，应当明确各种生均公用经费标准、教师编制标准、资源配备要求等，在此基础上研究如何有效统筹实现效益最大化。三是制度机制的创新，设计更多推动普通高中转型升级的制度保障。四是人才动力的激发，要靠人，靠校长、教师、班主任、家长和教研员队伍的有效作为，为每位高中学生提供适合的教育。

推动普通高中向理想的方向实现深度变革，对教育行政部门来讲，要发自内心地尊重高中校长、尊重育人规律、尊重管理之道，做到"有求必应、无事不扰"。对高中学校来讲，要竭尽全力地尊重每一位教师和学生，营造"人人都能有序参与治理、人人都能真切感受温度、人人都有人生出彩机会、人人都能享受品质生活、人人都能拥有归属认同"的绿色教育生态环境。新时代背景下，用先人后事的理念，通过高中校长、教师、班主任、家长、教研员和教育行政干部的转变，才能引领高中学校育人方式全面转型。

第十一讲 传承发展：如何做有远见的青年教师

　　青年教师刚刚入职，还有很长的路要走。既然选择了教师这个行业，首先要想清楚、弄明白，为师从教这一生，应该实现什么样的目标、有什么样的状态、走一条什么样的路。

　　党和国家提出，到 2035 年要基本实现社会主义现代化，教育要率先实现现代化，建成教育强国；到 21 世纪中叶，建成综合国力和国际影响力领先的社会主义现代化强国。对于 90 后、00 后的青年教师，从年龄上看，到 2035 年的时候，正是他们教书育人的黄金时期；到 2050 年的时候，他们中的大部分也还在岗位上。所以说，新时代的青年教师是最幸运的一代，因为他们的从教经历将伴随中华民族伟大复兴实现的全过程。

　　从学生的角度来看，现在正处于初中和高中阶段的学生，到 2035 年的时候，将是党和国家的中坚力量。现在正处于幼儿园和小学阶段的孩子，到 2050 年的时候，同样也是中坚力量。这些学生是非常重要的一代，他们将担当起民族复兴的大任！因此，目前这一批青年教师将发挥至关重要的作用，承担起培养时代新人的重任，应当志存高远，过一种不一样的教育生活。

一、远见：看多远才能走多远

面对成长中的青少年学生，教师自身也要不断成长，所以一定要做好职业规划。这就要求教师想清楚自己一生的职业追求是什么，要达到什么高度，要成为什么样的人。只有把这些问题想透了，才能不为外因所惑。青年教师一定要把眼光放长远，看到更远处，要树立一个高远的目标，引领着自己一路前行，始终做有远见的人。

二、格局：博大的胸怀成就未来

格局很重要，当一个人、一个团队的事业发展到一定程度之后，制约其发展的就是格局。青年教师要有格局，初始职业定位要鲜明、远大，要有成为名师、特级教师、卓越教师，成为有影响力、学生喜欢和同行敬佩的教育家型教师的志向。心有多大，舞台就有多大；谁的格局大，谁就能走得更远。切记，不要在一些无谓的小事和小节上纠结，否则会影响自己的判断。

三、心态：做高水平的情绪管理者

每一位青年教师都要做高水平的情绪管理者，用心呵护每一位学生的心情。好心情会带来好的师生关系，好的师生关系会带来好的学习成果。教师的情绪是写在脸上、体现在眼神里的。当教师站在讲台上的时候，学生一定能很敏锐地捕捉到教师所流露的各种情绪。要让学生有一个良好的心态，前提是教师自己要有好心态。善于管理自己的情绪，能够随时调试自己的心情，是做教师的一项很重要的能力。

四、专注：用长期坚守收获成长

教育，需要静待花开。教师要了解"以慢为快"的职业发展周期定律，不能急于求成。建立一个科学合理、适合自身的长周期职业发展规划是教师必须思考的重大课题。专注任教的学科，用长时间的坚守来定位、来研究、来践行。可以先确定一个十年的目标，再分解到五年、三年、两年、一年，然后再制订具体的计划。

五、包容：赞美遇见的每一个人

教师需要面对不同的学生、家长和同事。每一所学校都有迥异的文化和管理机制，每一位学生都有自己的个性特点。教师要有一种心态，就是善待遇见的每一个人，用心赞美每一个人，努力成就每一个人。赞美会感染别人，会传递爱意，会营造和谐。以开放包容的胸怀来接纳和成全他人，换来的往往是别人的赞誉和支持。只要有了包容的心态，教师的职业生涯才会有更广阔的天地。

六、自律：不为物欲所诱惑

有远见的前提是行稳致远，不被虚名浮利遮眼。做有志气、有骨气、有底气的教师，就要坚守自己的追求，靠品行自律、靠人格修为。

七、协同：放低身段只为更好成长

不同学科之间的教师需要育人上的配合，同一学科的教师也需要开展集体教研，学校的很多事务需要合力去完成。青年教师要主动向同事们学习，遇到需要协同参与的时候，应该多做、多学、多看、多付出。这种实践的阅历往往会转化为能力的提升。从长远看，唯有多干事才是最聪明的选择，也是最快的成长机会。

八、反思：把想到的写出来

于漪老师说，一辈子做教师，一辈子学做教师。这种"学"，主要就是不停地反思。反思就是要把想到的写出来，把问题总结出来，把经验提炼出来。要想成为名师，简单的办法就是坚持写教学反思。当然，这种反思主要是基于学生的成长变化。写着写着，就走在了同行教师的前列。坚持把想到的、看到的写出来，一定会成为一位有思想、有见解的高素质教师。

九、主动：不当置身事外的旁观者

在平时的工作中，学校可能会安排一些学生安全管理、心理疏导、家校沟通等方面的任务。一些涉及学校改革发展的工作事项，都会征求教职工的意见、组织研究讨论等。青年教师应积极参与，不当旁观者。在积极主动参与学校各项事务的过程中，不仅能收获能力，还能获得大家的认同。长此以往，自然就有了领导力和影响力。

十、家庭：对爱我们的人负责

家庭是人一生的永恒港湾，青年教师应当建设美好家庭，用心对待自己的父母、爱人和子女，他们都是对自己而言最重要的人。除了教书育人、爱岗敬业，教师还要感受茶余饭后、诗与远方。教师要对家人负责，通过公平用心对待每一位学生，立足岗位干出不负期待、实实在在的教学业绩，做受人尊重的教育工作者，让家人为自己的努力感到骄傲。

基于上述十个方面的认识，特别是在新高考、新课程、新教材、新课标等一系列改革的背景下，青年教师的专业发展要有新的内涵。基于长期对教师专业发展的研究和思考，笔者认为在建设高质量教育、加快教育现代化的征程中，教师特别是青年教师的专业发展，应聚焦七个"度"。

一、定位要有高度

心有多大，舞台就有多大。从人生定位上看，教师如果仅仅将自己定位为"教书匠"，那就只能走一条狭窄的小路；如果定位为胸怀国之大者，追求当一位培育德智体美劳全面发展时代新人的"大先生"，那一定就会有不一样的人生之路。

从专业目标上看，如何将新课标要求的核心素养及正确价值观、必备品格和关键能力在每一个学科落实到位，是教师专业发展的重大课题。以《普通高中信息技术课程标准（2017年版）》为例，信息技术学科核心素养包括信息意识、计算思维、数字化学习与创新和信息社会责任四个方面。但在大部分学校的日常教学中，突出的是应用能力，也就是对技术的掌握能力，而实现"四个方面"的要求需要更高的专业水平支撑。

从成长姿态上看，教师有什么样的日常状态，事关其专业发展的高度。能否有"望尽天涯路"的人生定位、"学高为师"的专业目标、"新竹高于旧竹枝"的成长姿态，将最终决定一位教师专业水平的高低。

二、教学要有精度

促进教师专业发展，旨在提升教学水平、提高教育质量。在有教无类的基础上，做到因材施教、精准施教应该是教师的必备能力，也是教师专业发展的最终指向。其外在表征是，教师要在学情分析、学业设计、备课研课、课堂授课、质量评价、人格培育、作业布置等各个方面都能基于每一位学生的真实需要，采取更加精准务实的教学策略。

比如，有价值的讲授和探究对话是课堂中最常见的两种教学法。但在教学过程中，很多教师都是预设问题，也就是在备课环节就已经设计好了课堂提问的问题或者基本指向。课堂上，教师往往更多地关注那些能说出正确答案的学生，而忽视了那些未能说出正确答案或者没有发声的学生。如何在教学中关注到每一位学生，既需要学习方式和治理体系的变革，更需要每一位教师身体力行，将其作为专业发展的重要突破口来进行深度研究，并有自己的独到见解和有效的实施路径。

三、育人要有温度

每位教师都必须在教学过程中有温度地实施育人，否则教学效果便会大打折扣。苏霍姆林斯基说过，孩子的教养、精神上的发展、道德面貌的形成，所有这一切在很大程度上都有赖于在课余时间内进行的、不列入课表的工作。一个教师，只有成为孩子们在其中度过其精神生活并建立彼此间道德关系的那些集体的组织者和领导者时，才会是一个教育者。

因此，如何与学生建立起有感情、有温度的沟通，就成为教师专业发展的一项重要能力。

不仅是师生关系，教师和家长之间同样需要建立有温度的关系，进行心贴心的交流。学生只有"亲其师"，才会自觉追随老师。当情感能量在师生互动中自然生发出来，就会增强教学成果、巩固学生的学习效果，还会激发学生产生更深的学习动机和兴趣，营建更加长久稳固的良好关系，并转化为良好的行为习惯和理想的课业成绩。如何让育人更有温度，需要每位教师在专业发展之路上常思常想，不断创新实践。

四、落实要有力度

新的时代背景下，党和国家对教育提出了一系列新理念新要求。教师如何在教学育人过程中创造性落实到位，是亟须提升的专业能力。笔者认为，当前的教育需要实现如下几个方面的转变：在育人目标上，由重视智育转向"五育"融合，落实有理想、有本领、有担当的时代新人的培养要求，为学生适应未来社会发展奠定基础；在育人理念上，由集中讲授转向精准施教，突出个别化、差异化和增值性评价；在育人体系上，由学段分治转向贯通衔接，构建适合一体化的学生成长新机制；在育人环境上，由传统教室转向学习空间，提供更多泛在学习、自主学习和项目学习的生态空间；在育人模式上，由"以教定学"转向"为学而教"，落实学习者中心地位，全方位满足学生成长需求；在育人载体上，由常态课堂转向数智校园，让人工智能及数字化智慧教育资源更多更好赋能师生发展；在育人氛围上，由以校为主转向家校社共育，凝聚各方合力，实现全环境育人。这个转变的过程需要教师有行动力、执行力，基于教情、学情去落实。

五、专业要有厚度

当前，各种教学实践经验层出不穷，为教师专业发展提供了有益借鉴。一位有底气、有志气的教师必须在学科上深耕、在育人上深研，有自己厚实的专业功底。

例如，数学教师要想达成培养学生学科核心素养这一要求，就要研究并讲透数学史。在数学课堂教学中，教师要潜移默化地让学生认识了解数学家，从中体会到想要取得成功需要付出艰辛的努力，以此培养学生克服困难、坚忍不拔的精神，同时提升其数学抽象、逻辑推理、想象和运算等层面的素养，培养优秀的数学品质。

如何培育专业厚度？教师应广泛阅读本学科基础理论以及相关最新研究成果，通过不断的学习总结，建构起本学科的知识体系以及教育教学体系。这就离不开持之以恒地读书、反思、写作、探析以及解决问题，教师专业发展的基本之道正是如此。

六、学识要有广度

新时代的教师，不仅应精通本学科，还要善于跨学科融合教学，熟悉跨学科教学的知识维度、方式方法。比如语文课的《木兰诗》中有这样一段："东市买骏马，西市买鞍鞯，南市买辔头，北市买长鞭。"学生们可能会问，为什么替父从征还要自带装备？这就需要历史学方面的知识，要求语文教师要懂南北朝的征兵制度。除了知识层面的内容，各个学科的教师还要掌握时代性的新要求。比如在地理学科讲授贵州喀斯特地形特点时，如果引入中国天眼建设的来龙去脉，会让学生更加有兴趣。"天眼"知识的讲解也能够激发学生潜心科研、当科学家的志向。再比如国家大安全观，为什么要强调大安全，大安全观在每一门学科中如何渗透，都是需要思考的问题。另外，经济社会发展方面的最新成果，特别是社会变革的样态呈现，从农业经济、工业经济到数字经济，乃至呼之欲出的生物经济，这些都需要教师能够清晰地把握。除此之外，一位有水平的教师，还应有自己的特长和爱好。会打篮球的教师、会唱歌的教师、会素描的教师、会弹吉他的教师……这些都是学生心目中的魅力教师。

七、成长要有梯度

教师专业发展不会一蹴而就，而是一个缓慢的过程，需要设定一个一个的"小目标"。人生的梯度很漫长，需要拾级而上，可能会有"昨夜西风凋碧树"的清冷，也可能会有各种质疑和非议，但教师应该始终怀揣三个问题：为人师者到底应该有什么样的追求？实现这种追求需要什么样的胸襟？如何从容而坚定地走好自己的专业发展之路？其实，三个问题的关键都在于教师对自身、对专业发展有一个什么样的定位与追求。

"梅花香自苦寒来"。教师的专业发展说起来容易做起来难，需要下一番苦功夫、笨功夫。人生如茶，刚开始总是苦的，但只会苦一阵子，久之便见回香。教师的成长之路不会一直都是苦的，也伴随着数不尽的幸福与快乐。当你把幸福捧在手里，看似微不足道，可是一旦放手，便会后悔不迭。只有像茶叶一样，在滚水中反复折腾、浸泡，才能把内在的潜质逼出来，才能找到生命的真谛与价值。到那个时候，教师的专业发展也自然就"蓦然回首"，在"灯火阑珊处"收获满满。

第十二讲 培训创新：让大家乐在其中学有所获

参加各类教育培训活动是促进教师专业成长的重要路径。教师们也经常讲，想让培训成为最大的福利，通过更多适合的培训来实现专业发展。如何创新培训机制，让校长和教师乐在其中、学有所获？笔者结合自身实践经验，分享如下几点体会。

一、关于对培训的几点认识

第一，校长和教师是最需要不断学习和终身学习的职业。教育工作者面对的是千千万万的孩子，他们在不断地成长变化，因此培训是刚性需要。做教育工作必须要强化几个认识：一是依靠学习走向未来。做校长、做教师，想要做得有味道、做得有感觉，就要依靠学习走向未来。特别是在新技术飞速发展的今天，教育工作者要持续学习、终身学习，坚持提升自我。二是用专业性赢得信任。潍坊市从2004年开始取消学校的行政级别，学校没有了行政级别，想要赢得党委、政府对教育的尊重和支持，赢得社会、家长对教育的认可和赞誉，校长和教师就一定要有专业性，充分发挥专业的力量。三是人与事业共同成长。这是组建专家团队、名师名校长领航团队的初衷，通过开展各类培训，让大家在做事业的过程中获得自我成长。

第二，培训方式是多样的、个性的，但最重要的还是激发校长和教师内在成长的动力。如果校长和教师没有动力，即使有丰富多彩的培训活动，也难以取得明显的成效。校长和教师都有各自的团队，如何激发全校的、整个团队的内生动力，怎样令这种内生动力可持续，这是需要去研究的。对此，要坚定几个认识：一是以需求为导向，尊重教师的选择权；二是以校为本，突出培训的针对性、实效性；三是合理安排，真正让每一名教师参与其中。合理安排也包括要合理设置培训内容，促进教师职业发展，减轻成长压力；合理安排培训时间，保证教师充足的休息时间，减轻身体负担；合理设计培训方式，让教师喜闻乐见，变"要我学"为"我要学"。

第三，培训的目的是坚持实践导向，促进事业发展。举办培训活动的目的就是基于现实情况、基于实实在在的问题去研究，而不是研究悬空的东西。现在最缺乏的就是这种研究问题的能力。每年省级及以上教学成果奖或者一些高水平的评选，潍坊的校长和教师最缺的就是科研成果，缺少基于实践的理论研究。教育工作者应该多读几本与实践紧密相关的理论书籍，挑战读一些像《普通教育学》《民主主义与教育》这种真正的理论书籍，积淀一些理论修养。如何在培训中强化理论引领，帮助教师深刻领悟经典著作中的思想，并应用于实践，值得思考。

第四，利用培训更好地总结过去、梳理现在、研判未来。潍坊教育的先进性在于专业化，现在各地教育行政干部和校长都很专业。在这种新的形势下，未来应该怎么走？通过培训把团队聚在一起，用三年的时间来反思区域教育、学校教育，思考每一个教育人是怎么走过来的，又将走到哪里去，现在到底是什么情况，每个人的短板是什么。无论是学科教师还是校长，都要做具体的研判。

第五，要真正养成读书的习惯。笔者有时候到学校，最愿意去的就是校长室，看看校长读什么书。有的校长桌子上放了几本书，但是摆的更多的是各种成绩分析表。成绩分析表是必要的，但是成绩是怎么来的，需要反思。对于教师而言，工作确实很辛苦，想要变得快乐，读书是一条有效路径。感觉疲累是因为没找到轻松的心态，这种心态一定是从书里找，如果没有新的东西往脑子里装，想变得快乐是不可能的。所以有人说最快乐的事是"一心只读圣贤书"。

二、关于培训的重点领域

现在最需要培训什么内容？每一所学校的重点是什么？这还要取决于当下每一所学校、每一位教师的真实需要。

第一个方面是对新高考改革再思考。让孩子们考到理想的大学里去，这不是应试教育，这是升学导向。但要做到不"唯升学"、不"唯分数"，就要重新思考新高考改革。新高考改革是一个很复杂的变化，其背后是党的二十大报告所说的"坚持高中阶段学校多样化发展"。高中学校的多样化发展和小学、初中是相关的、贯通的。高中学校多样化之后，初中怎样来应对，我们培养的孩子怎么来胜任这种多样化的选择，也是需要深入研究的。对比 2014 年国务院印发的《关于深化考试招生制度改革的实施意见》和省级的实施方案，就能更好地体会国家为什么要强调"中学生英才计划、强基计划、拔尖创新学生培养"等新探索。

过去一段时间，过于强调绝对公平，要求对所有孩子都实行同样的标准，现在大家都想明白了，差异化公平是公平的最高境界。如何评价引领、如何贯通育人、如何应对国家的选才导向，需要对新高考改革进行深入的研究，拿出具体的应对办法。这几年高考题变化很大，侧重对能力和素养的考查。如何应对这样的选才导向？比如，潍坊设计的新中考改革，其中第二个组合是 6 选 4，而高考是 6 选 3。做好对接，引导学生精准地选好组合，事关每一个孩子的幸福，也是我们对各个学校的期待。

第二个方面是新课标落地上再加力。对于义务教育新课标，每位学科教师都要认真研读。教育发展现在遇到的一个瓶颈就是学生的素养导向和学科本位之间的对接问题，需要有想法、有作为的人员来研究。哪个区域研究得彻底，哪个区域未来就是教育的高地。新课标里面提到了跨学科融合育人，这并不是语文和数学叠加那么简单。跨学科融合育人强调的是综合体，是系统化思维，需要体制机制的保障，需要通过深化综合素质评价和课堂质效评价来达成。

第三个方面是从教走向学再深入。组织培训要以培训者为中心、以学生为中心、以学习者为中心。更好地从"教"走向"学"是一个巨大的变革，而不是一句口号。一是从供给侧转向需求侧。原来是学校有什么资源，就给学生提供什么；教师懂什么、想教什么，就给学生教什么。而现在是，学生需要什么，学校就提供什么，这就是从供给到需求的转变。二是从教师转向学生。这不是说教师不再重要，而是从关注教师的水平能力、整体结构向关注学生的需求转变，也就是从抓外在转向抓内涵。抓内涵，实际上就是坚持以学生为中心，任何教育工作一具体一深入，就能延伸到学生身上。三是从表象转向深度。只有真正实现了从"教"走向"学"，才能有真正的深度学习。如果还是在传统的教本位情况下，就实现不了深度学习。如何与新课标结合进行深度学习研究，需要教师的实践探索。实际上深度学习不只是一个概念，每个人都有自己深度学习的方式。从表象转向深度是一个很大的转变，是具体鲜活的学生中心的升级版。只有为每一个孩子提供适合他的教育，才能实现深度学习。四是从知识转向服务。真正的培训必须以教师、学生为中心，从简单的知识传授转向为师生成长发展服务，转向受训者综合素质能力培养提升，这样实施的培训才能受到学校、校长和教师的普遍欢迎，才能产生实实在在的效果。

第四个方面是教师积极性再提升。对教师的激励，包括物质激励、情感激励、制度激励和文化激励四个层面。如何让教师的积极性再提高，而且保持下去？教育事业关键靠人来做，靠一线教师来做。学校的激励举措如何真正走到每一位教师的心里，带来最柔软的触动，需要深入研究。推行的"三定三聘三评"改革（定编制总量、定岗位总量、定绩效总量，聘工作岗位、聘职称岗位、聘层级岗位，评师德素养、评育人实绩、评专业水平）制度如何在学校层面具体落实，怎么来调动教师队伍的积极性，还是要靠学校来统筹设计。

第五个方面是治理体系再优化。治理就是多元共治、民主协商，潍坊的治理体系一直是以"四会一核心一章程"为框架搭建起来的。在这个框架之下，学校要探索优化、创新、改进的方法，把这个过程变成凝心聚力，提升师生精气神，激发责任感、使命感的民心工程，构建起教师、学生、家长和社会协同参与的新格局，使之更匹配育人方式转型和人才队伍建设的需要。这是一个关于公平、效率和满意度的研究课题。教育第一是公平，公平对待每一个学生，同时也要有效率，要让教师、学生和家长满意。公平、效率和满意度这三个维度平衡关系的处理，是需要深入研究思考的。

第六个方面是教育数字化再认识。没有教育数字化，就没有教育现代化。现在的数字教育走入了一个误区，一些学校动辄投资好几百万、上千万买设备、建系统，但是教师不能用、不愿用、不会用，这就是把简单的东西做复杂了。如果系统教师不愿意用，就说明不是好系统。在这方面，一定要坚持应用为王、服务至上、简洁高效，实现从建到用、从繁到简的转变。数字教育首要的任务就是引领，引领教育从理念到实践的全方位转型，引领大家主动思考研究未来社会需要什么样的人才。未来社会需要的是具备数字化能力的人才，我们对此要有清晰的认识。如何强化数字化？第一是研判未来教育，研判未来社会对人才的需求，培养孩子让其适应未来的社会。第二是赋能，赋能教学、管理，优化学校内部的治理，提高课堂效率和育人质量。第三是服务，数字化要使备课教课更加便捷，推动实现信息化、精准化。

第七个方面是**安全稳定再牢固**。安全稳定是治校办学的底线要求。研究安全是研究治理体系、研究课堂的前提保障。安全是全员责任，每个人都与之息息相关，为人师首先要保证学生的安全，促进其身心健康发展。

第八个方面是**理性心态再调试**。好心态很重要。一些青年教师在工作中多有抱怨，感觉看不到希望。要想让青年教师喜欢教师岗位、眼里能够看到光，名师名校长领航工作室要起到引领、示范作用，要帮助他们调整好自己的心态，发自内心地热爱从事的这份事业，用心用情做好每一件小事。教师心态积极阳光、稳定理性，才能培养出具有良好心态的学生。

三、关于培训方式的创新

培训方式的创新包括以下四个方面。

一是课程化。学校应从服务校长和教师的成长与治校育人的实际出发，构建一个系统化的课程体系，确定应该设置的课程模块和聚焦的关键点，实施课程化的培训。

二是选择性。要调动校长和教师参与培训的积极性，关键是让他们有选择权，要基于每一位校长和教师的治校育人实践、岗位发展需求、自我成长需要，开发"一人一张培训清单""一人一张培训课表"。实际上，增强选择性也是"以学生为中心"这一导向的体现。

三是情境式。增强培训效果的一个有效办法就是大家一起剖析一个具体的问题。通过参与研究解决工作中遇到的问题，身临其境感受一所学校的理念文化，提升自身的素质能力。

四是项目制。一个团队是项目组，也是一个课题组，要通过共同研究把具体实践升华为理论科学。理论、研究、课题是申报教学成果和评选教学名师的三个关键要素。一线教师不缺荣誉称号，缺的是理论研究、科学研究、课题研究，要通过培训为其补上这一课。

四、关于名校长名师工作室的定位和目标

设立各级各类名校长名师工作室的目的就是培养新时代的教育家。工作室成员的定位是成长为未来教育家。总体来讲，设立工作室这样的平台是希望名师、名校长通过几年的努力实现如下四个目标。

第一个目标是育人理念的引领和践行。党的教育方针最直观的表现就是德智体美劳五育并举、五育融合。每位教师都是五育并举的践行者。各个学科的教师都应该具备这种理念。比如在语文教学的过程中，如何渗透五育并举的教育思想？如何教育孩子热爱劳动？如何体现美育？以前有一个很浅显的认识，就是认为体育是体育老师的事情，美育是美术老师的事情。实际上五育中的任何一项都是全员责任。当然育人理念分两层：第一层是育人目标，即是五育融合，第二层是育人方式，即公平用心对待每一位学生，促进每一位学生健康成长。名师、名校长要做五育并举理念的先行者、践行者。

第二个目标是做高质量教育的先行示范者。党的二十大报告提出，要加快建设高质量教育体系。高质量不单单是指教学成绩，而是建立在"五育"融合基础上的好成绩、"轻负优质"基础上的高分数，是通过课堂、课程、教学、教师各个环节的优化来实现的。一个区域的教育如何体现其先进性？关键是要坚持质量导向，要靠名师名校长工作室的主持人和成员这支队伍来引领。

第三个目标是做青年教育人才的成长引路者。青年教师、青年校长、青年干部要向名师名校长工作室的主持人和成员学习。当好引路人要具备多种素质品质：党务干部需要党性强、懂教育、会管理、有威信、善于做群

众工作、善于做思想政治工作；校长需要政治过硬、品德高尚、业务精湛、治校有方；教师需要有情怀、高素质、专业化。为什么强调要给青年们做示范？学校每年都会进大量的新教师。这些新教师是什么样，教育的未来就是什么样。

第四个目标是做素质教育的坚定奉行者。素质教育不是一个口号，而是要坚实落地。学校要杜绝违规办学、层层加码的行为。在规范办学的基础上加强家校社共育，实现校内校外教育的一体化。轻负担高质量的教育，办学是"规范＋创新"，学生是"合格＋特长"。一个好学校，首先要规范，然后要有特色。对于学生，首先要培养其成为合格公民，然后再发展特长。

综上所述，培训机制创新根本在于满足每位教师的个性化成长需求，而不是搞大一统、齐步走。只有发现并尊重参训者的真实需求，把培训转化为具有诊断、评估、指导和引领价值的活动，才能让广大教师乐于参与并学有所获，学有所成。

第十三讲 乡村教师：专业发展的策略与机制

乡村教育振兴是教育现代化的重要组成部分，是教育强国建设得以实现和可持续发展的关键。作为乡村教育的生力军，青年教师在培养时代新人、传承人类文明、推动社会进步、开创美好未来中大有作为，应在助力乡村教育振兴中主动担当作为、彰显青年力量。在教育强国建设的大背景下，如何从制度层面更好地拓展乡村青年教师的专业成长道路，成为当下重要的课题。

一、乡村青年教师身上肩负着多重社会责任和历史使命

在不同历史时期，乡村教师承担着不同的社会角色。他们曾是传播革命思想、教化民众的乡村教员，也曾是实现乡村改造与建设的扫盲战士，更是推动农村社会主义现代化的开拓者。

专业身份与公共身份共同构成了乡村青年教师角色的一体两面。他们既要成为补齐乡村教育短板、促进乡村教育振兴的"专业人"，还要成为助力乡村振兴的"公共人"，是乡村社会不可或缺的"新乡贤""智囊团"。

（一）乡村教育立德树人的主力军

随着国家经济快速增长，乡村已经发生了巨大变化，但受地理环境、

经济水平等因素影响，乡村教育仍是教育发展中的短板，在素质教育进程中，城乡发展仍不均衡。由此，教育现代化对乡村青年教师的期待，不是简单的"教书匠"，而是成为乡村孩子成长的引导者和人生的规划师，成为素质教育全面育人的担当者，为每一名乡村孩子的发展负责。这就需要乡村青年教师具备必要的育人能力和核心素养，用专业和情怀培养具有家国情怀和远大抱负的乡村学子，以乡村教育坚守者的身份扎根乡村，成为支撑乡村教育事业发展的关键力量。

（二）乡村学校特色发展的主导者

乡村学校具有得天独厚的自然教育资源及小班化教学优势，为教育教学改革提供了创新空间。乡村青年教师要结合乡村的生产生活实际，创新性地进行教育教学改革，挖掘乡土文化特色，开发适应乡村社会、乡村学校、乡村学子的乡土特色课程。通过改进课堂教学模式，引导学生走入乡村社会实际，到真实的生活场景中去体验探究，获得真实成长，形成优质乡土教育特色。这也要求乡村青年教师必须秉承教育初心，根植乡土情怀，成为托起乡村孩子理想和希望的"大先生"。

（三）乡村文明振兴战略的参与者

党的十九大提出乡村振兴战略，《中共中央　国务院关于全面深化新时代教师队伍建设改革的意见》明确指出要"突显教师职业的公共属性，强化教师承担的国家使命和公共教育服务的职责"，党的二十大也要求全面推动乡村振兴，扎实推动乡村人才振兴。作为乡村人才的主力、乡村人才培养的主导者，乡村青年教师有责任提升自身的公共服务意识，主动将专业所学应用到服务乡村振兴中，成为乡村建设的文明引领者、经济建设者、社会治理者、生态维护者。这需要乡村青年教师转变角色，既要传承知识、全面育人，也要有服务乡村社会的角色意识和素质能力，要深入当地百姓生活，通晓乡情民意，融入乡村社会中去，成为真正的"乡村人""局内人"，为乡村建设供智献策。

二、乡村青年教师的成长需求和面临的困境值得关注

安居才能乐业，乐业才能发展。积极回应乡村青年教师对更好从教环境、更优生活保障、更大发展空间的热切期盼，发现并满足他们的成长需求，建立起"引得来、留得住、用得好"机制，对调动他们教书育人的荣誉感和责任感、推动乡村教育事业长远发展具有重要意义。

（一）成长的需求

1. **保障生活的物质需求。** 根据马斯洛需求层次理论，只有最基本的物质需求得到满足后，人才会产生下一级需求。社会交换理论认为，人类一切社会活动都受能为其带来报酬的交换活动所驱使。对于乡村青年教师而言，当付出能得到应有回报时，他们才会有持续的动力。新时代赋予乡村教师追求美好生活的权利，也应给予乡村青年教师从物质到精神上相应的回报，满足他们从基本到美好的生存发展状态跃迁的需要。唯有如此，青年教师才能扎根乡村、安心从教。

2. **专业提升的发展需求。** 乡村振兴战略为乡村教育带来了千载难逢的发展机遇，也对乡村青年教师的专业发展提出了新要求。特别是新课程、新教材等一系列教育改革，对乡村青年教师的育人能力又提出了更高要求。

随着社会的发展，乡村教师队伍正在发生着结构性调整，越来越多的年轻教师加入乡村教师队伍，并逐渐成为乡村教育振兴的骨干力量。新生代乡村教师具有学历普遍较高、文化素养高、教育理念新、学习力强等特点。特别是在教育改革创新的背景下，年轻教师们希望提升教学本领、加快专业成长的需求变得更加迫切。但是，受限于教龄较短、从教经验不

足，以及乡村教育普遍存在的缺乏课堂诊断、缺少教情分析、没有专家名师引领、教研氛围淡薄、专业培训少和缺少对外交流等问题，乡村青年教师的成长空间受到了制约。

3. **精神富足的归属需求。**成家立业是人生的重要一步。但是，对于乡村青年教师而言，恋爱和婚姻一直是困扰他们的心头大事。受限于乡村工作生活场域落差大、人际交往圈窄、三观匹配度低、文体联谊活动少以及乡村学校对外交流合作少等因素，乡村青年教师不仅很难遇到心仪对象，而且很难结交志同道合的朋友。长此以往，部分乡村青年教师的精神世界，因缺少了亲情、爱情、友情的滋养，"比学赶帮超"的成长劲头日渐低落，"身在曹营心在汉"的心态慢慢滋生，期望通过招考离开乡村学校。这种背井离乡的孤独感和精神生活的匮乏，正是造成部分乡村青年教师缺乏归属感的重要原因。

4. **尊师重教的认可需求。**由于长期形成的城乡二元结构矛盾，城乡基础教育差别仍然存在。虽然现在农村家长对子女教育的重视程度有所增加，但受自身文化水平、经济条件、生活环境等多方面影响，与城区家长相比还有较大差距，这也是导致乡村青年教师在社会上受认可度低、受尊重度低的因素之一。再加上乡村教育长期存在的教师待遇较低、"跨界"兼课、缺少激励机制、留守儿童多、家校沟通难、执教压力大等问题，更加剧了乡村青年教师的职业倦怠感。久而久之，乡村青年教师便逐渐失去工作兴趣、缺乏教改创新力，把教师职业看成了谋生手段，出现激情消退、消极混日子等"躺平"现象。在这种情况下，乡村青年教师容易迷失方向，把自己当成"局外人"，游离在乡村教育发展大局之外。

5. **自我实现的价值需求。**受城镇化进程影响，乡村学校生源逐年下降，乡村青年教师的发展信心和理想抱负产生动摇。部分乡村青年教师对自我发展定位模糊不清，难以承担起"新乡贤"角色，长此以往，乡村青年教师难以把个人成长、价值实现、理想抱负与乡村教育和乡村振兴使命相融合，更难以在培养时代新人、建设乡村文明中有所作为。因此，激活乡村青年教师的育人使命，增强其价值认同，激励其精神需要，焕发其精神生命，就显得尤为重要。

（二）面临的困境

目前，乡村青年教师在成长过程中还面临着诸多困境。一是物质生活保障条件差，工作环境、社会交往等吸引力不强。二是乡村社会生活单调、沉闷，精神生活贫乏。三是乡村对教育重视不够，教师待遇低，被尊重程度低。四是"跨界"兼课，自主发展意识薄弱，职业规划不主动，容易安于现状。五是专业发展资源缺乏，单一灌输式培训效果不大，缺少"沉浸式"外出培训机会。六是乡村教师年龄结构两极化，彼此缺少共同语言，教研氛围弱，缺乏专家引领和专业指导。七是乡村教师结构性短缺，特别是缺少"英、音、体、美"学科教师。八是非教学任务繁忙，成为"迎检专业户"，出现"什么工作都做，但很少研究教学"现象。九是乡村学校规模小、教师少，无法组建专业发展团队，缺乏教师专业研究和成长保障。十是乡村学校缺乏系统管理，各校之间相对封闭，主管部门对青年教师专业成长缺乏系统有效措施。

三、乡村青年教师专业成长的路径探析

多年来，党和国家制定出台《乡村教师支持计划（2015—2020年）》《关于加强新时代乡村教师队伍建设的意见》等诸多文件，给予了乡村教师前所未有的重视，表达了对乡村教师发展和乡村教育振兴的期待与决心，在全社会营造了推动乡村振兴、重视乡村教育、关注乡村教师的良好氛围，也为乡村青年教师队伍建设提供了良好的发展生态。

在新的时代背景下，本着"先人后事"的原则，遵循马斯洛需求层次

理论，可以从以下四个方面为乡村青年教师提供成长路径。

(一) 满足"自然人"的基本需求

马克思主义哲学关于"人的本质"的科学论述表示，人的属性包括自然属性和社会属性。要想让乡村青年教师能够一往无前地成长起来，就必须先满足他们作为人的自然需求和社会需求，解决他们的后顾之忧。尤其是在当前积极推进教育强国建设的背景下，乡村青年教师的所思所想所盼，就是教育系统一项重点关注的民生事项。

目前，对于改善乡村教师特别是乡村青年教师的食宿条件，国家层面已经有了明确的要求和规定。"建设农村艰苦边远地区学校教师周转宿舍""将符合条件的乡村学校教师纳入当地政府住房保障体系"等，都在很大程度上改善了乡村青年教师的生活境况，为他们安心从教提供了"定心丸"。

2014 年起，潍坊市大力推进乡村青年教师安居工程，在提高乡村青年教师待遇的基础上，很多县（市、区）也摸索出了更多"接地气"的办法。如，临朐县为乡村教师提供"早晚吃自助餐（自炊），中午吃工作餐（食堂），晚上住标准间（宿舍）"的"包吃包住"服务；高密市胶河疏港物流园区为乡村教师申办了"爱心乘车卡"，使从大栏社区到城区的乘车费用由原来的 10 元减为 3 元；寒亭区教体局建立了大龄未婚青年教师档案，多次与团委、工会、妇联等单位进行联谊，为乡村青年教师牵线搭桥，先后为几十名乡村青年教师找到伴侣。

基于人的社会属性，正常的社会交往是必不可少的。在信息相对闭塞、资源相对匮乏的农村，对于青年教师的精神生活，也必须要关注到位。

校长作为学校的"家长"扮演着重要的角色，要经常以"老大哥""老大姐"的身份，通过面对面谈心谈话、一对一沟通交流等方式，多和青年教师聊聊家常、谈谈理想，帮助他们解决困境难题，真正让青年教师感受到家的温暖和关怀。学校还可以通过组建青年教师成长联盟、共同体等方式，让青年教师找到志趣相投的同伴，切实感受到凝聚力、归属感。用行业自律代替行政监督，用组织的核心价值观、历史责任感等深层次的核心驱动力，帮助乡村青年教师感知文化认同和价值追求，心甘情愿留下来。

（二）形成"职场人"的角色认同

要想留得住乡村青年教师，改善条件与待遇只是"治标"，而形成乡村青年教师的职业认同感才能"治本"。基于从"校园人"向"职场人"的角色转换阶段特点，职业认同也是乡村青年教师角色转换的必修课程。

从其主体来看，职业认同既是一个过程，也是一种境界。这个过程要从对乡村青年教师这一职场角色的认识开始。首先，坚持师德师风第一标准，将职业道德、职业理想、职业素养作为教师职前、职后培训的重要内容，让乡村青年教师充分了解自身肩负的历史使命和责任担当。引导乡村青年教师坚定"四个自信"，鼓励其内化于心，外化于行，站在宏观视角和高远境界坚定精神信仰，永葆初心使命，坚持立德树人。同时，积极发挥青年党员教师的示范引领作用，引导非党员教师积极向党组织靠拢，用乡村青年教师的政治定力，坚定扎根乡村的理想信念；广泛开展各类师德建设活动，进一步激发乡村青年教师的职业认同感、归属感和幸福感，让他们能坚定不移地做一名乡村教育守护者。

此外，针对乡村青年教师的职业发展方向不清的问题，可以采取"入职有人带，读写伴成长"的措施，让资深老教师传帮带，为青年教师指点迷津，帮助其制定发展规划，鼓励青年教师多读书、多反思，快速成长起来。

（三）成就"专业人"的职业价值

教育是一个专业性很强的行业。乡村青年教师的成长之路，是要走向"专业人"，成为一名传道、授业、解惑的"大先生"，对立德树人有精准把握，对课程有深刻领悟，对课堂有真切热爱，对学生有温暖关怀，对生活有美好向往。这就要求面向乡村青年教师组织实施的培养培训，要立足新时代的发展背景，从教师的实际需求出发，构建科学系统的、可自主选择的课程体系。

从内容上看，课程体系要有坚定理想信念的培训，有把握经济社会发展大局的培训，有提升育人能力的培训，有提升教育治理能力的培训，也要有自主读书意识与能力的培训和人工智能信息技术提升的培训。

从形式上看，课程体系既要有校本研修、经验交流等现场培训，也要有专家论坛、专题报告、网络研修等线上培训，更要有青蓝结对、顶岗置换、城乡交流等联合教研。

无论哪种培训，都应该通过"望、闻、问、切"来增强培训效果。突出"望"，贴合时代脉搏，让乡村青年教师立足新时代新征程，肩负育人使命，为乡村教育振兴和教育强国建设注入新动力。聚焦"闻"，贴近育人实践，让乡村青年教师能够闻到鲜活气息，看到具体案例，听到具体做法，感受到具体变化。围绕"问"，丰富培训样态，让乡村青年教师带着问题来、带着答案走，带着兴趣来、带着期待走，在个性化和多样化的培训课程中，找到解决现实问题的真招。随时"切"，健全长效机制，让乡村青年教师与专家建立起常态化的联系机制，让专家通过跟踪指导持续输送智慧支持。

成就"专业人"的育人价值，不仅要提升乡村青年教师的专业水平，也要提升他们的职业荣誉感，让育人价值更丰满。

在落实各项职称政策的基础上，建立乡村青年教师荣誉制度，开展乡村优秀青年教师评选活动；吸收优秀乡村青年教师参与校务委员会、教代会等学校治理机构，给予他们表达心声的机会；让乡村青年教师在依托乡村民情开发校本课程、基于乡规民约倡树育人特色等方面，拥有更多的教学自主权等。通过以上措施，增强乡村青年教师的职业成就感，激发他们的职业兴奋感，从而让成长自带动力。

（四）挖掘"社会人"的公共职能

乡村青年教师是乡村社会的知识群体，也是乡村居民心中的"知识青年"，他们不仅担负着教书育人的职责，也承担着启发民智、教化乡民、引领风尚等重任。尤其是在全社会大力推进乡村振兴的时代背景下，乡村青年教师被赋予了新的重要使命和价值指向。

以此为契机，充分挖掘乡村青年教师作为"社会人"的公共职能，建立学校与乡村的交流机制，让青年教师在乡村事务中发挥特长，感受到社会认同。鼓励乡村青年教师参与乡村生产事务，将科学技术与现代文化传递给乡民，发挥传播现代农业科技知识、指导生产经营、协助增产增收的作用。

鼓励乡村青年教师参与乡村治理事务，重塑"新乡贤"角色，在守护留守儿童、凝聚乡民价值共识、调解村民各种纠纷等方面发挥独有价值。

鼓励乡村青年教师参与乡村文化事务，让他们在宣扬时代精神、传承地方文化、引领社会新风等方面发挥作用。

多方面参与乡村事务，不仅能锻炼乡村青年教师理论转化成实践的能力，也能在很大程度上提升乡村青年教师的社会地位，更能打破地理、文化等层面的壁垒，拓展乡村青年教师的成长平台，让乡村青年教师在乡村发展中贡献自己的青春力量，更好地实现人生价值。

四、乡村青年教师专业发展需要制度护航

建立乡村青年教师专业发展的长效机制，需从保障、激励、评价和监督四个层面入手，构筑起教师专业成长的立体化制度体系。

(一) 保障机制层面，优化乡村青年教师专业发展的"大环境"，提升职业幸福感

立足乡村青年教师的实际生活需求，制定并完善相关保障制度，不断提升乡镇补贴标准，探索满年限晋级的职称评聘机制，切实解决青年教师在交通、安居、婚嫁、生育、养老等方面存在的困难，持续丰富乡村文化活动，不断优化乡村青年教师的生活环境和专业发展环境，调动其从教积极性。从物质配套到心灵支持，以制度完善来保障乡村青年教师安心从教，切实提升其专业发展的动力和信心，吸引部分城区骨干教师回流扎根乡村，推进乡村教育的高质量发展。

(二) 激励机制层面，搭建乡村青年教师专业发展的"立交桥"，唤醒成长内驱力

基于县域内乡村教育发展实际，不断完善构建"市—学区—学校—教研组"四级教研体系，让乡村青年教师找到专业发展的平台支撑。同时，充分拓宽教师专业发展路径，开发多个领域的元素化研究系列，引领教师从"要我成长"向"我要成长"转变，唤醒青年教师的自我发展意识，激发自主发展的内驱力。设立最美乡村青年教师、教改先锋等荣誉称号，专项表扬长期扎根基层、奉献乡村的优秀青年教师，让他们切实体会到扎根乡村教育的幸福、充实与快乐。

(三) 评价机制层面，搭好乡村青年教师专业发展的"成长梯"，规划职业进阶线

立足乡村教师专业发展需求，围绕业务能力和管理能力进行双线设计。其中，业务能力活动包括达标课、优质课等，面向教学能手、学科带头人；管理能力活动包括学生管理、家校沟通等，面向骨干教师、班

主任、教研组长和育人标兵。从制度入手，以明确的专业发展路径让乡村青年教师找到专业发展的"路线图"和"风向标"，助力其专业发展和育人质量提升。如在教学能手评选活动中适度增加乡村学校的指标，与城镇学校分别确定比例、分别组织评选，对促进乡村青年教师专业成长予以政策倾斜。

（四）监督机制层面，树起乡村青年教师专业发展的"正冠镜"，守好道德品行关

激励乡村青年教师成长要充分发挥校长的关键作用，通过持续深化校长职级制改革，提升乡村校长的专业能力和创新意识，引领促进乡村青年教师专业发展。还要平等对待中老年教师，充分发挥中老年教师的示范引领作用，营造积极向上的工作环境，带动青年教师共成长。同时，强化评价引领，充分运用聘用与考核等手段，以激励、推动青年教师不断成长。

时代越是向前，知识和人才的重要性就越发突出，教育的基础性、先导性、全局性地位和作用就更加凸显。乡村教育的美好蓝图已经绘就，乡村教师专业发展的火热激情已经迸发。站在新的历史起点，每一位教育人责任重大、使命光荣，每一名乡村青年教师任重道远、大有可为，要坚持以更昂扬的改革姿态、更高远的历史站位、更宽广的教育视野、更深邃的战略眼光，齐力推进乡村教育振兴，为加快建设教育强国贡献智慧和力量。

走向卓越：教育家型校长的成长之路

在全面弘扬教育家精神的背景下，成为教育家型校长不仅要有情怀、肯实干，更要有深度、有厚度，成为理念、思想和文化的引领者。学校的运行机制要适应教育现代化新形势，不仅务实、好用，更应管根本、利长远，成为建设高质量教育体系的治理保障。无论是校长本人的成长，还是学校制度机制的完善，都离不开科学完备的理论体系的支撑。

一、建构理论体系应把握好理论、体系、建构三个层面及其内在逻辑关系

中小学校长应当结合自身工作，不断对理念、经验、变革等进行总结反思，建构起一套属于自身的理论体系。

（一）理论层面

理论是行动的先导，没有深厚的理论基础，就没有坚定明确的办学方向。从校长岗位的职责来看，至少应当把握好以下三个方面的理论。

一是从治校育人实践中总结归纳出的理论。任何理论都应首先从实践中得来。与书本上的理论不同，对实践性较强的校长岗位来说，理论就是归纳总结，对学校发生的一系列生动变化和发生在教师、学生身上的一系

列现象和问题进行总结解释，并完善提升。解释现象、解决问题、引导教学和育人，就是校长应当掌握的理论研究路径。在这一过程中，要弄清楚理论与科学、理论与现实、理论与实践等方面的关系，做到紧密结合。

例如，教育教学活动是学校的核心要务。作为校长，就要把教与学的关系问题研究透彻。在教与学这对关系中，以学生为主体、教师为主导，实现两者相互作用、相互结合、相互促进是基本原则。因此，基于以学生为主体，随之提出以学生为中心的理念，并根据学生的成长需求，进而提出以学习者为中心的理念。基于以教师为主导，从"谁来培养人"的角度，提出教师第一的理念，并进而提出充分调动教师教书育人积极性的理念。由此可见，学为主体、教为主导是开展教学活动的一项理论基础。只有弄清其脉络并掌握这一理论，才能在指导教师开展教学实践中处理好这两者的关系。

二是经典的教育理论。经典教育理论有很多，需要校长不断采撷、阅读并体悟。中华优秀传统文化中蕴含着大量经典的教育思想，比如有教无类、因材施教和教学相长，等等；近现代的陶行知、张伯苓、蔡元培、叶圣陶等教育家也提出了一些极具指导意义的教育理论。从国际视野看，认知主义、行为主义、建构主义等基本理论都值得校长深入研究。熟稔把握经典教育理论是从事教育工作的基本功。

在教学方面，那些耳熟能详的概念名称，校长应当把它的理论背景和理论体系研究透。比如，"探究式学习"是谁提出来的？一般认为，这个理论最早是由美国教育家杜威提出来的。再深入一步研究，杜威描述的探究式学习需要具备哪几个方面？一要形成假设，二要收集证据，三要得出结论，四要反思最初提出的问题，五要思考并改进整个过程。而在实际教学过程中发现，学校开展的探究式学习往往缺少最后两项，而这正是提高教学质量的关键要素。校长只有知其然也知其所以然，知晓概念也理解内涵，研究清楚支撑教学实践活动的理论体系和背景，才能够引领教师成长。

再比如，小组合作学习具体是按照什么流程组织实施的？美国明尼苏达大学的合作学习中心研究提出，合作学习包含五个基本要素，即小组成员间积极的相互依赖、面对面的交流、每个人不可推卸的责任、人际交往技能和小组合作技能、小组内部的评价。校长应当引导教师用最简明的方式把这些流程、要素梳理出来。一是积极的相互依赖关系。判断合作学习的一个重要方面，是小组内每一个成员是否能够做到荣辱与共、合作共赢，在资源共享、角色分工、目标达成等方面建立起积极的相互依赖的关系。观察学校日常教学活动可以发现，有时合作学习仅仅是以其中一个孩子或几个孩子为主导，并没有关注到其他成员和小组整体学习目标的达成。有积极性的孩子一直在探索，其他孩子并没有深度参与，甚至变成旁观者。二是面对面的互动。在组织小组合作学习的时候，要观察是不是进行了有效的面对面互动。这种互动对促进学生相互学习、共同提高，具有积极意义。三是明确每个人的责任。小组合作学习要明确每个成员的具体职责是什么，并引导每个成员尽到自己应尽的责任。这里的责任指的是每个学生都必须承担且能够完成的学习任务。四是合作技能的提高。合作能力是一项关键能力。合作学习的质量从根本上取决于小组成员是否具备合作技能。学校组织教师开展小组合作教学，教师按要求进行了分组，课堂看上去也很生动，但合作学习的效果不一定理想。因为大部分教师并没有提前培养或提升学生应掌握的合作技能，这才是影响合作学习质量的核心要素。这种情况下，就需要校长来研究，进而形成每所学校独具特色的合作学习模式。五是对合作学习的评价。为保障小组合作学习的有效性，必须把控好合作学习的进程。比如，有的班分五个组、六个组，不同的组进度不一样。原因在于，教师对合作学习的运行情况没有进行过程性反馈和评价。事实上，这些都需要具体理论来支撑。这些理论需要校长和分管业务的副校长来认真研究。

三是心理学和管理学等相关理论。从当下的教育实践看，掌握心理学基本原理非常重要。教育学家赫尔巴特认为，教育学有两个基础，一个是心理学，一个是管理学。可以说，没有心理学就没有教育学。随着经济社会发展的转型，诸多不确定因素的增加，数字化时代的挑战等，每个人的成长环境都在不断发生变化。师生心理健康问题更加突显，心理学的相关理论变得越来越重要。从学校角度来看，新时代新形势新要求给校长治校育人带来了新的压力和挑战，校长需要运用心理学理论进行自我调适，也需要借助管理学理论指导学校办学实践。

（二）体系层面

教育工作不是靠单一的教育理论支撑，而是要有系统完整的教育理论体系。校长需要关注的理论体系包括：教育和教学理论体系，这是开展教育工作的基本需要；教师和学生的成长规律理论，这是人才培养的需要；具体实用的各种理论，比如学习行为的改进、学习策略的提升，这是提高课堂教学和学习质量的需要；学校管理理论，这是提升学校治理效能和办学满意度的需要。

从区域和基层的实践来看，新时代的校长应当不断提升从严治党、现代治理、团队建设、课程领导、盘活资源、改革创新、自我发展七项关键能力。提升这七项能力，首先要从理论和素养层面来把握。而这七项能力背后的理论支撑，就是校长需要建构的理论体系。

一是关于从严治党。党建理论在学校治校办学中发挥着融合与促进的重要作用，一是与教育教学有机融合，二是抓党建促教学。校长不能照搬照抄党的理论，把党的建设浮在面上，与教学搞成"两张皮"，这不符合育人规律和办学规范。而是要从师生的视角出发，以师生能够接受认可的方式来加强党的建设，发挥党组织强有力的领导作用。

二是关于现代治理。现代治理的理论核心是多元共治学说，指向治理目标的达成。在学校由管理向治理转变的过程中，一项行之有效的制度改进，就是推行扁平化管理。扁平化不仅仅是减少管理层级，不代表放任自流、失去监管，而是一项系统变革。从当前来看，推行党组织领导的校长负责制，是现代治理的关键要义。

三是关于团队建设。团队建设的核心是人，要做到眼中有人，坚持先人后事。作为校长，团队建设更多要靠引领示范，不仅在治校育人上，更要在专业发展上，靠专业性赢得信赖与支持。

四是关于课程领导。校长提高课程领导力的前提，就是要深入研究课程，熟悉并掌握课程的基本理论和课程的设计、目标、内容、实施和评价等各方面内容，并能指导教师有效实施。

五是关于盘活资源。在财政投入压力加大的背景下，办好人民满意的教育，需要转变理论认知，用多种思路和方法来盘活各种资源。比如，运用市场机制设立教育基金等方式，奖励优秀师生、资助贫困师生，就是用市场思维办公益事业的体现。

六是关于改革创新。深化教育改革需要理论支撑和路径支持。教育改革需要渐进式推进，不能一味地"少数服从多数"，必须强调公平。校长推进教育教学改革，要对方式、方法、路径有深入研究，以完善的理论体系保障改革实践顺利进行。

七是关于自我发展。校长要树立终身学习和终身发展的理念，具有开放的心态、求知的渴望、发展的追求，加快建构属于自己的理论体系，形成自己的教育思想。

（三）建构层面

校长要建构属于自身的理论体系，概括起来就是学习与观察、反思与总结。

一是学习与观察。学习主要是对理论的学习、对经验的总结和对现象的解释等。观察则更为具体。做一个有心的校长，从理论的视角来认真观察身边的教育现象，有很多内容值得研究。比如，研究学生的学习笔记与学习成绩的关系时发现，有的学生笔记记得很全面，有的学生记得很概括，而有的学生不太注重动手记录。与学习成绩联系起来看，那些学习成绩很突出的孩子，他们的笔记不一定记得有多详细，但往往能够抓住学习的中心和重点，明确核心概念，并建立起知识点之间的联系。而学习成绩不好但一直很用功的孩子，他们的笔记往往记得很全面，但却看不出重点。通过观察、研究不同学生、不同学科的学习笔记引发的深层次的学习方式变革研究，就需要校长来推动。再比如，对优秀教师教学经验总结的研究，通过观察他们的课堂教学特点、教学策略、师生互动等，可以总结形成值得推广的教学模式。诸如此类，如果校长能够认真研究总结，就能形成一套科学的理论体系。

二是反思与总结。形成理论的过程是一个边反思、边总结的过程。核心有三个方面：一是转化。把学到的理论、上级的要求、外地的经验等转化成教学实践，并进一步深化为理论指导。二是整合。整合盘活现有资源、利用好现有人才、提供更多有效制度供给等，加大各个方面的整合力度。三是迁移。无论是提高学生的学科学习成绩，还是指导教师有效开展跨学科教学，很重要的一项就是知识的迁移能力。这需要校长在宏观上进行架构。

建构理论体系应遵循以下几个步骤。一是明确起点。简单来说，就是要对自己和现有的理论基础有较清醒的认知。要清楚自己的起点在哪里，朝哪里发力。二是完善结构。对不同区域、不同学段、不同规模的学校来说，每所学校都有不同的办学定位、发展愿景和育人目标。建构的理论体系应当基于学校的治校育人实践和个人成长需求，明确这套理论体系的框架结构。三是建立模型。校长头脑中要始终装着一个模型，这个模型可能是理论的，也可能是实践的，这就是所谓体系的概念。有了模型和内部结构框架，就有了治校办学的思路和理论体系。四是更新行动。学以致用，学习和把握理论的目的在于指导行动，检验的标准是能否用于指导实践、能否发挥积极作用。另外，还要看是不是有影响力，能否引领同行和师生。

总体来讲，在建构理论体系的过程中，应处理好以下五个方面的关系。一是大与小的关系。理论体系的建构和知识的积累道理相通，都是积少成多、逐步丰富起来的。比如，学校经常开展各类小课题研究，把小课题研究透了往往有大功效。二是虚与实的关系。理论研究源于实践，但要高于实践。理论建构既要脚踏实地，从实际出发，务实管用，也要仰望星空，能够引领预期，达成愿景。三是真与假的关系。校长需要不断反思，在工作开展中遇到的问题，哪些是真问题，哪些是假问题；哪些是真理论，哪些是假理论。这既需要群策群力，也需要校长的"火眼金睛"。四是快与慢的关系。建构理论体系是一个过程，师生的成长是一个不断发展变化的过程，不能急功近利，不可能一蹴而就。理论体系是在长期实践和不断反思总结中形成的，要有耐心。五是短与长的问题。理论建构既要有短期计划，更要有长期打算，需有恒心。校长要静下心来，把教育当作终生的事业，"用整个的心办整个的学校"，深入研究教育教学理论和学生成长规律，建构自身的理论体系。

二、建构理论体系应重点关注的几个方面

建构理论体系需要适应新时代需要，基于当下正在推进的教学改革任务来实施。在加快教育现代化、建设教育强国的征程中，校长应重点关注以下几个方面的理论研究。

一是育人观的更新。新课程、新教材、新高考导向都是立德树人，实现五育并举、五育融合，培养适应中国式现代化需要、德智体美劳全面发展的社会主义建设者和接班人。2023 年 5 月，教育部印发《基础教育课程教学改革深化行动方案》，提出了 5 个方面 14 项重点任务，对下一步深

化课程教学改革提出了明确要求。这就需要校长必须更新教育理念，转变育人方式，坚决扭转片面的应试教育倾向，提高育人质量。这就是说，建构理论体系首先应摆正育人观。

二是学习空间的再造。从理论上讲，学习空间的研究主要基于建构主义和情境认知学习理论。随着新技术、新媒体的快速发展，学习打破了传统的班级授课制的时空限制，学习空间指向学习者中心，呈现出开放性、交互性、自主性、个性化的特点，可以在不同情境中随时随地构建。优化学习空间和资源环境配置，打造数字化场景，体验真实情境，实现做中学和创中学，实现向学习社区转型的空间改造，都是未来校长需要掌握的重要能力。

三是跨学科育人。核心素养导向加强了学科之间的协同与统整，跨学科育人将是未来的方向。以作业设计为例，可以建立一项跨学科的作业设计协商制度，各个学科教师在固定时间内，集体会商近期应该给每位学生布置什么样的作业，以及如何通过作业设计实现跨学科育人。另外，课后服务也是实现跨学科育人的一个阵地，需要在校长的指导下，各个学科教师集体参与研究。

四是核心素养导向下的课堂建设。越是强调学生核心素养和关键能力，学校就越应摆脱原来以教师讲学生听为基本样态的传统教学模式。素养导向如何体现在课堂上，特别是推进幼小衔接、小初衔接、初高衔接，如何实现课堂层面的一体化施教，需要校长们深入研究。校长要树立大课堂观念，不再囿于原来的传统教室，至少应该构建"四个课堂"，即教室课堂、校园课堂、家庭课堂和社会课堂。因此，实现家校社有效协同共育，是建构校长自身理论体系的重点所在。

五是寻求改革新突破。教育是一项常做常新的事业。校长要常思常想，新一轮的教育变革空间在哪里？教师育人的内动力在哪里？课堂提质的驱动力在哪里？教学策略改进提升的突破口在哪里？教学全流程优化的切入点在哪里？这些问题都值得研究。当然，改革创新永远在路上，需要从理论视角来深入谋划。

六是投入和资源保障收紧背景下的教学质量提高。当前，财政经费、教师编制等各方面资源保障越来越紧张，靠不断增加投入要素来提高教学质量，既不合适也不可能。在这样的形势背景下，学校该如何提高教学质量？更多需要向内发力，向内涵发展要质量，向专业水平提升要质量，这就需要理论体系的同步转型。

每所学校都有各自的实际，需要校长领衔来具体化研究，在不断的反思中探索出属于自身的理论体系。

三、建构理论体系需要明确的几点认识

倡导校长建构属于自身的理论体系，目的就是要引导校长向深里研究、向实里探索，扎扎实实提升自己，实现人与事业共同成长。

一是要有深厚的理论素养。校长要想赢得师生和社会持久的尊重，必须要有深厚的教育理论素养，用理论的体系化、思想性、逻辑性，给予广大师生启发和影响，从而成就一所伟大的学校。

二是要学习经典的教育理论。经典的教育理论，如苏霍姆林斯基、陶行知等的教育思想，历经岁月沉淀和实践检验，对当代教育发展仍旧具有很强的指导意义。校长要多阅读这些教育家的经典教育著作，从中总结提炼并加以系统化改进，归纳到自己的理论体系中去指导实践。

三是要坚持持续学习发展。任何理论都不是终结性、完成式的，都需要随着时间的推移、实践的发展而不断完善，因此校长必须具有开放的心态，不能因为自己办学经验足、资历深、见识广就陷入经验主义泥潭。理论创新是无止境的。校长要乐于并善于寻找行业制高点，发现并学习一些先进经验，不断改进完善。

四是要发挥影响力。在正确理论的指导下，教育教学实践将会变得更系统、更理性、更有效。如果校长建构起自己的理论体系，有科学理论的有效支撑，其治校办学实践就会得到固化和传承，从而形成文化上的力量。实际上，理论和理性是结合的，校长建构起自己的理论体系，就会成为一个富有理性和智慧的人，成为一个有影响力的人。

倡导校长建构自身的理论体系，其前提是要认识到，强调理论，不是指组建团队去做纯理论性的研究，而是更好地解决教育教学中遇到的实践问题。教育理论只有能够指导具体实践才能发挥最大价值。校长理论体系的建构，一定要基于每所学校的办学实践，基于自身的能力素养、知识体系。需要明确的是，所有教育家型校长建构自身理论体系的目标都应是一致的，那就是为了每一位师生成长得更好，办好适合每一位师生发展的教育。

第十五讲 | 师德建设：以机制创新推动常态化系统化

师德师风是评价教师队伍的第一标准，是反映区域和学校治校办学风貌的重要标志，是一个区域教育生态的总体体现。加强师德师风建设，需要以教育家精神铸魂强师，突出现代教育治理思维，在常态化、系统化上下功夫、做文章。

无论是一个区域还是一所学校，抓好师德师风建设，都需要更新认识，创新机制。在实践中推动师德师风建设，应当明确以下几点。

一是师德师风建设不是单独的、孤立的，需要放在加强新时代教师队伍建设改革、推动教育高质量发展的大局中系统思考、统筹推进。

二是师德师风建设是具体的，必须以学校为主体，基于每所学校实际，一校一方案来设计和推动，其中校长是抓好师德师风建设的关键角色。

三是加强师德师风建设的根本目的是激发教师队伍的内在荣誉感、责任感和使命感，需要借助宣传教育、激励机制、典型引领等多种方式。

四是加强师德师风建设应该持之以恒，持续保持从严的节奏，而不是紧一阵松一阵。只有这样，才能形成高度重视、自觉践行的氛围。

五是师德师风建设与教师关爱机制要同步推动，还要加快建立教职工容错免错机制，营造宽容、大度、阳光、轻松的从教氛围。要鼓励教师放手搞创新、抓育人，而不是畏首畏尾，束缚住手脚。

基于以上认识，潍坊市坚持系统思维，注重机制创新，以高素质专业化为目标，建立起以师德师风建设为前置，涵盖教师"引、育、管、用、评"一体化的教师队伍建设改革模型和框架，推动师德师风建设常态化、系统化，为加快推进教育高质量发展、办好人民满意的教育提供了坚强保障。具体开展的工作如下。

第一，系统联动，推进师德师风机制创新。师德师风建设不是单靠管出来的，根本要靠教师的内心认同和行动自觉。因此，要将师德师风建设与当前深化新时代教师队伍建设改革的各项举措挂钩衔接、联动推进。潍坊市率先建立创新加强师德师风建设的十项制度，围绕怎么抓师德、谁来抓师德、如何评价师德师风、如何发挥典型引领作用等方面系统设计。以教育部第二批人工智能助推教师队伍建设试点为契机，我们建立起涵盖全市10万名中小学教师的全跟踪、可视化师德管理信息库，实现师德前置审核自动检索，师德不合格的"一票否决"。我们也建立了与教师切身利益紧密挂钩的制度体系，对教师高度关注的职称评聘、绩效工资发放、评先树优等重要事项，先进行师德"体检"。师德考核达不到优秀的，不得参加市级及以上评先树优，不得晋升高级、正高级教师；师德考核不合格的，不得参与交流聘任，不能享受奖励性绩效工资待遇。通过机制的创新让教师真正把提高师德素养放在心头，做在日常。

第二，以校为本，确保师德师风建设落到实处。教师师德表现怎么样，最有评价权的是学校，最有发言权的是同行、学生。教育行政部门可以列出全市统一的师德负面清单，明确教师从教不能做什么；将师德师风建设的有关情况纳入对学校评价的标准体系；将师德师风建设与校长职级评定结合；建立最美教师、教书育人楷模、优秀乡村青年教师、青年教改先锋、立德树人标兵等推选机制，及时推介、挖掘、培育师德典型人物，讲好身边事，传递正能量。学校要坚持"学校的事情学校说了算，教师的事情由教师商量着办"，由学校党组织制定师德考核实施方案，得到绝大部分教师满意通过后实施，全程公开公示，切实保障教师的知情权、参与权、评价权和监督权。近年来，潍坊市先后涌现出全国教书育人楷模魏亚丽，腾出自家住房兴办宝德书院的齐鲁最美教师单美华，盲人门球教练、国家级教学名师王金琴，《人民日报》点赞的连续十年匿名资助困难学生的小学教师陆肖梅等一批师德先进典型。

第三，动力集成，坚定立德树人初心使命。评价师德的第一标准是教师的敬业精神、内生动力。教师立德树人积极性不高，专业发展内生动力不强，师德就容易出问题。潍坊市教育局会同编制、人社、财政部门，全面实施"三定三聘三评"改革，将师德师风建设与教师的教学、育人、自身专业发展等紧密结合，构建起新时代教师队伍动力机制。"三定"即全面推行定编制总量、岗位总量、绩效总量，由主管部门确定三个总量，学校在三个总量内自主创新，自主管理教师。通过下放教师的管理权，激发办学活力，让学校心无旁骛抓师德、抓育人、抓质量，回归立德树人初心使命。"三聘"即加快实施聘工作岗位、职称岗位、层级岗位，让聘任成为对教师最好的评价，激发教师专业发展内生动力，从源头上调动教师涵养高尚师德、激发立德树人的积极性。"三评"即评价教师的师德素养、工作业绩、专业发展，将师德师风放在第一位，加大评价权重，牢固树立"师德师风表现不好，在教育系统和行业中寸步难行"的价值导向，引导教师把师德素养体现到备课、上课、教研、育人以及家校沟通的全过程中。

第四，协同推进，营造良好教育生态。师德师风建设需要党政重视、部门协同、社会认可的尊师重教氛围来保障，需要现代教育治理体系和治理能力来支持。潍坊市坚持党建统领，将师德师风建设纳入各级教育工委以及大中小学校党组织落实全面从严治党主体责任重要内容，保障师德建设正确方向。坚持以评促改，将师德师风建设纳入对县（市、区）教育综合督导评估，作为学校考核评价和校长职级评定的重要指标，守牢师德"红线"。坚持底线管理，成立师德师风专项整治领导小组，开展师德失范行为集中查处行动，加强监督查处。公布市县校三级举报电话及举报邮箱，组织所有中小学教师做出公开承诺，畅通社会参与监督渠道。坚持部门协同、上下联动，首创"教育惠民一码通"，广泛征集诉求建议，凝聚各方智慧。综合施策落实教师减负举措，让教师有时间、有空间调适身心，提升师德，营造尊师重教的良好氛围。

总之，要抓好抓实师德师风建设，就要围绕教育高质量发展总目标，着力激发教师队伍立德树人精气神和内动力，通过良性的社会大氛围和学校"小气候"的用心营造，加强教师队伍的积极、正向拉动，保障师德师风建设落到实处、见到真功，引导教师公平用心对待每一位学生，促进每一位学生的健康成长。

第三章

用改革的办法解决发展中的问题

构建现代治理体系，本身就在教育改革的范畴。如何在这一过程中加强党对教育的领导，如何保障教育的优先发展，如何推动教育优质均衡，以及教师的县管校聘改革、市域中考改革、教育评价改革等，都是其中的关键点。

第十六讲 党建统领：学校党组织书记如何履职尽责

　　持续加强中小学校党的建设，其重要性和必要性毋庸赘言。在全面推进中小学校党组织领导的校长负责制背景下，学校党组织书记应进一步明确自我定位，持续提升自身党建素养，在总体制度设计的大框架内，结合学校实际，创新实践方式，高效开展工作。

　　中小学校党的建设有其规律性和特殊性。除了要做好有关党的政治建设、思想建设、组织建设、作风建设、纪律建设、制度建设等方面工作，更需要与立德树人有机融合、与学生健康成长有效结合、与办好人民满意的教育有力整合。加强学校党组织的领导和建设，学校党组织书记既要高度重视又要遵循规律，既要落实到位又要讲求实效，要做到以党建统领学校工作全局，保障办学方向，提高教育质量。

　　笔者曾先后担任潍坊中学、潍坊北辰中学和潍坊第一中学三所学校的党委书记。其中，潍坊中学是一所市区高中学校，正处在上升期、成长期、转型期；潍坊北辰中学是一所新建成的教育现代化综合创新示范学校，需要打好基础、起步成势；潍坊第一中学是一所百年老校、品牌名校，社会高度期待，需要强管理、提质量、促升级。虽然这三所学校特色迥异、发展路径不同，但都需要紧紧围绕立德树人根本任务，结合学校特质，把工作的核心和重心放在凝聚育人合力上，构建融洽的干群关系、师生关系、家校关系，激发各方干劲，促进业务工作水平跃升。

基于在这三所学校的任职经历，笔者认为，中小学校党组织书记需要重点抓好把握办学方向、优化治理体系、建强人才队伍、推动育人变革、抓实思政工作、加强自身建设六个方面的工作，在发挥领导作用的同时，与校长及行政班子协同好、配合好，齐心协力办好人民满意的学校，推动教育高质量发展。

一、把握办学方向

方向至关重要。作为学校党组织书记，确保正确的办学方向是第一位的。办学方向要结合学校实际来谋划推进，具体化落实到位。只有摸透实情，才能把准方向。刚到潍坊中学时，我们在教职工中发起了"学校发展的优势有哪些""学校发展的问题是什么""下一步怎么干""我能做什么"四个问题和"安全稳定风险点""为教师办实事金点子"两个方面的"四问两征集"活动，不但了解了学校发展面临的具体情况，而且基本摸清了教职工内心的真实期待。刚到潍坊第一中学时也是如此，通过开展"您最期待改变的事项"征集活动，邀请广大教职工一一列出清单并加快解决，以此拉近干群距离、掌握办学实情、明确办学方向。

制定一份鼓舞人心、深得民心的党建工作要点，是保障办学方向的重要抓手。制定学校党建工作要点应组织书记与学校党支部书记、青年党员代表、老党员代表、家长党员代表等反复面对面沟通交流，倾听大家的诉求，深挖大家的内在需求，这样才能制定出一份既符合上级党组织要求又回应教职工期盼，更能激发组织活力的党建工作要点。

学校党委会"抓大事、议大事"，开好每次党委会是保障办学方向的有力抓手。中小学校党组织全面领导学校工作，履行把方向、管大局、做决策、抓班子、带队伍、保落实的领导职责。学校党组织书记既要负责组织好党组织重要活动，又要督促检查党组织决议的贯彻落实，需要通过学校党委会执行落地。作为党组织书记，要坚持不缺位、不越位，列出学校党委职责清单、党委会议事决策清单、学校重大事项清单，包括党的建设、人财物等资源的分配、教职工重大关切、涉及师生的重要改革、涉及学校长远发展的重要决策等方面。不在职责和清单范围内的，要请校长依法依规行使职权，提交校长办公会（校务委员会）研究推动。对于学校党委会议定的事项，要狠抓落实。例如，潍坊中学和潍坊第一中学分别组建了由党委副书记任组长的强有力的督导督查评价中心，确保既定任务项项抓落实、件件有回音。

　　办学方向不是抽象的，而是具体的，这就需要凝练出每所学校的办学品牌。通过办学品牌引领办学方向，发挥好凝心聚力的作用，是学校党组织书记需要考虑的要事。潍坊中学位于中心市区，由两所高中合并而成，校园空间狭小，在校生多。如何创设一个能够引领和凝聚师生和家长的办学品牌？我们提出了"幸福潍中"的办学目标，旨在努力为师生提供更加舒适的氛围、更加友善的生态，突出"幸福都是奋斗出来的""劳动是一切幸福的源泉"等理念。潍坊北辰中学则是一所致力于发挥引领作用的教育现代化综合创新示范校，旨在提供适合每位学生发展的教育，不一样、差异化、个别化是其办学追求。为此，我们打造了"别致北辰"办学品牌，把"思行方圆"的办学理念转化为育人实践。潍坊第一中学是一所百年名校，如何让"老牌学校"更具内涵、更具品味？我们提出了"品质潍一中"的办学目标，努力让校园文化更和谐、教学设施更完善、师生言行更得体，追求更有质量的课堂、课程和治理体系。

二、优化治理体系

党组织要引领课堂教学、课程建设等各个领域按照教育规律和育人规律来创新实践，提供适合每位学生的教育。这一方面要在课程教学改革中落实，另一方面要靠治理体系的变革来推动。党组织书记要把治理体系变革抓在手上，带领和支持校长、教师"心往一处想、劲往一块使"，共同推进治理体系的优化，来保障、配合和促进教学改进。

办学章程和行动纲要是一所学校的指南，体现了学校的办学理念和办学追求。潍坊中学的办学章程研制较早，需要根据新形势进行修订完善，而且学校一直没有制定与办学章程配套的行动纲要。于是，学校党委协调各方力量，充分研究讨论，在广泛征求意见的基础上，研制了37条行动纲要，把"传承人文教育、建设幸福潍中、创办卓越学校"的办学理念转化为具体行动要求。潍坊北辰中学是新建学校，办学章程和行动纲要的制定则按照教育治理体系现代化要求，以创造适合每一位学生成长的教育为目标，在广泛征集市区各初中学校、在校师生和家长、知名专家意见的基础上，逐条逐项斟酌而成。

调整学校组织结构是优化治理体系的关键。为突出教学和育人的中心位置，潍坊中学对学校组织机构做了进一步调整，设立高一学部、高二学部、高三学部、新疆部和艺体部，均由学校党委班子成员兼任主任。同时，强化服务导向，将原办公室、人事科、财务科等与教育行政部门对口的内设机构整合设置为党群服务中心、教学服务中心、学生成长服务中心和教师发展服务中心等，把服务质效作为评价的重点内容。潍坊北辰中学则将后勤处转设为环境育人中心，将安全处转设为安全育人中心，强化"时时处处皆育人"的理念。潍坊第一中学更加强化学生中心定位，将高一、高二、高三等学部摆在中央，将其他部室、中心作为课程研发、资源供给和服务保障围在四周。这样，一方面强化行政向服务转型，另一方面强化教研与学科、跨学科融合，推动普通高中新课程、新教材的创造性实施。

项目管理是治理中的常用手段，以项目方式推进工作，可以更好地取得实效。潍坊中学设立了创建新课程新教材国家级示范校、为教师办实事提高幸福感工程、"幸福潍中"课程和互促课堂建设工程、家校社共育学校开放发展工程等项目。潍坊第一中学设立了提升教师幸福感责任感使命感、内部治理体系转型优化、课程课堂效能改进、青年教师成长学院、未来实验校区一体化发展等项目。学校党委负责抓落实，在每次召开党委会之前，随机抽取 2～3 个项目介绍工作进展、遇到的问题和下一步计划，由分管负责人点评，党委班子成员、教师代表等进行评议，将项目实施情况评议结果作为教职工年度考核的重要内容。

在学校治理中，不能忽视家长这一有力"合伙人"，学校发展、学生成长需要凝聚志同道合的家长。三所学校均设立了家长学校，开设了系列家长课程，以提升家长的育人素养与能力。同时，组建家校社共育指导中心，开展家庭教育指导服务和实践活动，让家长更加"专业"。在学校公众号上设立"教育惠民一码通"，随时倾听家长和社会的意见，实现"码上问、马上办"，畅通家校沟通渠道。潍坊中学定期召开家委会会议；潍坊第一中学定期组织家长座谈会，向家长介绍学校的办学追求、育人目标和治理体系，增进家长对学校的认同；潍坊北辰中学创新家校社共育机制，构建起资源共享、民主议事、家访关爱激励的协同育人体系。

办好学校，离不开众筹社会资源和智慧。三所学校均积极争取社会力量组建了教育基金会，用来"奖教奖学、助教助学"：奖励优秀教师、优秀学生，资助困难教师、困难学生。并且通过举办"幸福潍中"教育年会和"品质潍一中"教育年会，带动整个社会关心、支持学校发展。潍坊北辰中学则定期组织小学、初中校长座谈会，听取校长们对学校发展的意见建议，努力办好一所"小学、初中校长心目中的理想高中"。此外，三所学校还会邀请各级各类媒体进校园，通过宣传让更多的人关注学校、了解学校、认同学校。党委领导的多元共治理念已经融入三所学校办学治校的全过程。

三、建强人才队伍

学校加强党的建设，很重要的一项工作就是要凝聚人心、鼓舞士气、激发干劲，建设一支担当奉献、改革创新的干部队伍和高素质、专业化的"四有好老师"队伍。

一是在新教师招聘引进上下功夫。三所学校创新招聘方式，前移引才阵地，与国家部属师范院校提前对接，并建立起实践实习基地，让"准教师们"提前熟悉潍坊教育、熟悉学校环境。"引进来"还要"用得好"。学校每年组织新教师培训班，关注教师的个体差异和岗位特点，系统设计培训课程。三所学校均组建起青年教师成长学院，比如潍坊第一中学制定了成长学院工作章程、任务清单，开发了系列发展课程，以主题为单元循序推进，系统性、可视化为每名青年教师搭建"发展模型"。潍坊北辰中学创新培训组成形式，定期组织"熔炼"行动，让来自四面八方的教师在一次次思想碰撞、认知磨合中"熔"为一个整体，凝聚育人共识。

二是激发教师的内生动力。三所学校均推行了定编制总量、定职称总量、定绩效总量，聘工作岗位、聘职称岗位、聘层级岗位，评师德素养、评工作业绩、评专业水平的"三定三聘三评"改革。抓住最关键的事来评价，"撬动油门而不是推轮子"，让每位教师都有干劲、有目标。聚焦加强班主任队伍建设，激励更多优秀教师主动担任班主任和学生管理工作。在潍坊中学的职称评定方案中，班主任任职量化分值与学校副校级干部等值。在生活上多关心、关注教师，党委牵头于每年年初征集为教师办实事清单，帮助教师解决后顾之忧。潍坊中学建成青年教师公寓，实现了"拎包入住""一站式服务"，解决了年轻教师的居住难题；建成教职工子女托育服务中心，安排专人负责指导和服务，为上晚自习教师解决后顾之忧。潍坊第一中学为值班教师提供爱心早晚餐，让教师带着满满的能量投入到工作中。潍坊北辰中学则在设计之初就规划了高标准青年人才公寓。

三是为教师发展搭建更多成长平台。潍坊中学每月召开青年干部座谈会，党委班子成员与青年干部面对面交流思想、分享智慧，全面了解青年干部思想动态以及工作、学习、生活情况，悉心听取他们的意见建议。加速推动干部队伍年轻化，统筹考虑年龄、专业、结构比例等特点，科学合理选配干部，让"80后、90后"逐渐成为主体。潍坊北辰中学为青年干部提供更多"走出去"的机会，定期选派优秀青年干部到北京十一学校等名校顶岗实习，学习先进教育理念，开展教育教学实践。在每年组织的校长后备人才治校育人能力提升成果展示、"未来教育家"路演活动中，三所学校的参与者均获得好成绩。

从学校管理实际来看，职工队伍不容忽视。许多学校都面临着职工数量多、质量参差不齐的问题。为解决此问题，潍坊北辰中学建立了"班级首席服务官"制度，学校全体职工化身首席服务官，协助班主任做好班级治理工作，并将职工参与治理效果作为个人考核的重要参考依据；潍坊第一中学开展了"我为师生做了什么"展评活动，每名职工列出各自岗位的服务师生清单，公开评议，接受监督，通过下沉服务、现场服务、走动服务等方式，为师生提供精准服务。只有将各方力量都激发出来、凝聚起来，才能形成齐心协力干事业、当先锋的良好局面。

四、推动育人变革

立德树人是学校的根本任务。如何通过党建工作引领育人变革，回答好"培养什么人、怎样培养人、为谁培养人"的根本问题，培养德智体美劳全面发展的社会主义建设者和接班人，是党组织书记必须时刻记在心上的大事和要事。

首先，要科学研判学校在育人方式转型上的"未来路径"。基于三所学校的实践，笔者认为，学校育人需要在七个方面实现转型，包括育人目标、育人理念、育人体系、育人环境、育人模式、育人载体、育人氛围。推动基于规律和未来预期的学校育人方式转型，需要学校党组织发挥领导作用，协调各方资源统筹推进。

其次，要服务国家选才需要，推动拔尖创新人才培养。学校应根据国家拔尖创新人才培养、"英才计划"实施等要求，不断完善学段衔接育人体系，加强初高中贯通培养，探索英才早期发现和一体化培养机制。潍坊中学与潍坊十中（区属初中学校）联合实施了初高衔接实验项目，构建初高一体化课程，开展衔接育人研究与实践；潍坊北辰中学成立了中学生英才学院，依托数学、物理、化学、生物、信息学五大学科，建立了一流的奥林匹克竞赛强基实验基地，让学生在动手实验中提升学科核心素养；潍坊第一中学成立了青少年科学院，开展物理、数学、信息学等学科素养挑战赛，为小学、初中学生提供相互交流、学习、探究的平台，提升学生的创新精神和实践能力，加强拔尖创新人才培养。

最后，要重视学校教研工作，把教研机制创新作为促进学校高质量发展的重要抓手。潍坊中学加强教研组与学科组融合，围绕提高育人质量和促进教师发展两个主题，在构建"幸福、互促、效能"型课堂、整合建设幸福课程体系、寻找学科制高点和增长点、充分研判学情教情、提高试题研究和命制能力、培养青年教师等方面创机制、看成效；潍坊第一中学党委班子成员进入不同教研组，同教师一起参与教研活动，参加点评与被点评，并制定更加有效的教研机制和更加明晰的权责清单，让教师乐于教研、爱上教研，在研究中找到从教幸福感，从而促进学校的内涵发展和品质提升。

五、抓实思政工作

中小学校思政工作主要应做好以下两个方面：一是教师思政，主要是教职工层面；二是思政课程和课程思政，主要是学生层面。为融合两个层面工作，学校还要加强对内对外的宣传工作。

那么，如何做好教师的思想政治工作？党组织书记要牵头组织研究并把控好方式方法，关键在于入脑入心，将思政观念转化为教师的内在认知和行动自觉。

教师思政工作，要重点抓好青年教师群体。学校党组织要引导他们想清楚这几个问题：为师从教这一生应该实现什么样的目标？有什么样的状态？走一条什么样的道路？学校要鼓励青年教师志存高远，过一种不一样的教育生活。

通过加强思政工作来系统抓实师德师风建设，是学校党组织需要研究推动的重点事项。师德师风建设需要综合施策，在守住底线的基础上调动起教师从教的积极性，用思想境界的提升来引导教师爱岗敬业。学校应建立师德师风长效机制，完善师德前置审核、负面清单、"一校一方案"师德考核、与办学满意度联动等制度，真正将师德水平作为检验教师素质的第一标准。此外，发挥党员的示范带动作用，开展"岗位大比拼、技能大比武"，评选"青年党员教师先锋岗"，建立月度优秀共产党员、育人楷模评选制度，搭建"名师＋骨干""先锋＋引领"交流平台。潍坊中学通过挖掘身边的教师榜样，打造"榜样墙"，制作人物海报，展示先进人物风采，提升教师的幸福感和荣誉感；潍坊第一中学建立了"月度榜样人物"推选制度，让教师找到身边的榜样，为家长找到心目中的好老师。

思政课教师责任重大、使命光荣。为更好地发挥这支队伍的作用，调动起他们的积极性，需要做好"纵向贯通""横向协同""全面融合"三个方面。在市级层面，潍坊市率先研究制定了《关于全面提升新时代思想政治课铸魂育人质量的指导意见》，对推进思政课改革创新、加强思政教师队伍建设、构建思政课一体化建设和思政教育资源协同等进行了整体规划设计，这些理念在三所学校得到了贯彻落实。潍坊第一中学和潍坊中学与大学、初中和小学组建了"培根铸魂"大中小思政联盟。联盟运行坚持以学生为中心，突出时代化特征、课程化设计、项目化实施、平台化展示、长效化推动，以有组织、有评价、有成果为目标，引领"大思政课"走深走实、入脑入心、知行合一。此外，每年的3月18日召开学校思政课教师座谈会，重温讲话精神，分析学情教情，研究思政课程建设，不断提高思政课质量。

　　课程思政就是要将思政融入各个学科、各项活动，探索出融知识传授、价值塑造和能力培养于一体的立德树人新路径，实现"育德、育心、育行"的一体化，形成"校校有精品、门门有思政、课课有特色、人人重育人"的良好局面。潍坊第一中学将思政育人与艺体教育相融合，在校园运动会、艺术节等活动中处处彰显思政元素。在学生育人指导方面，则突出抓好学情会商，建立月度会商制度，学生人人配备育人导师，强化全员育人。发挥党团校"大讲堂"作用，聘任党的二十大代表、北大和清华的优秀学长学姐等担任思政特聘导师。潍坊北辰中学针对初中新生强化入校教育，围绕思想引导、课业辅导、心理疏导、生活指导、生涯向导等重点内容，构建全员、全程、全方位育人指导体系。

　　宣传工作同样重要，也需要学校党组织来谋划、部署和推进。潍坊中学等组建了公众号、校报、校园网、校刊等宣传阵地，面向全员并实现全员参与。潍坊第一中学成立了学校品牌建设办公室，在关注学生成长、教师奉献、实践活动的同时，重点推出有思想、有理念、有启发的评论性文章，实现精准宣传、深度宣传。作为党组织书记，笔者撰写的《经历是最好的成长》《在感动中温暖前行》《先人后事理念下的思维进阶》等文章被广泛转发，影响了一大批师生和家长。加强宣传工作是保障师生、家长和社会的知情权、参与权、监督权的现实需要。实践证明，宣传工作做得越到位、越走心，干群之间、家校之间、校社之间的很多误解、偏见和异议就会随之消融。中小学校意识形态安全是底线，宣传思想工作是守牢意识形态安全底线的重要抓手，需要学校党组织高度关注并抓紧抓牢。

六、加强自身建设

党组织自身过硬，才能统揽全局、协调各方。学校党组织书记要把加强党组织自身建设摆在前面、抓在手上，聚焦"党的全面领导如何体现、党组织战斗堡垒如何建强、党员先锋模范作用如何发挥"出题目、建制度、见成效。加强党对学校工作的全面领导，推动党的方针政策在学校层面的转化，关键在日常、在经常，重点在制度、在细节。三所学校都以制度建设为主线，将"三重一大"事项集体决策、书记与校长的常态化沟通、重大事项党组织研究前置等制度长效化推进、落实，较好地解决了学校党建与教育教学"两张皮"、重业务轻党建、以业务代党建、以活动代党建等学校党建领域的共性问题。潍坊中学强调"五个突出"，即突出党建统领，更好发挥党支部战斗堡垒和党员先锋模范作用；突出质量导向，更好推动育人转型，提升教学质效；突出团队建设，更好凝心聚力培育高素质教师队伍；突出长远眼光，每位党员都应当做更好的自己；突出服务意识，更好为全校师生提供优质保障。

对学校党组织来讲，党组织书记是"头雁"，只有自身政治过硬、本领高强，才有抓班子带队伍的底气，才能引领学校长远发展。学校党组织书记应按照"党性强、懂教育、会管理、有威信、善于做思想政治工作"的定位要求，坚定依靠学习走向未来的意识，逐字逐句学习习近平新时代中国特色社会主义思想、党的方针政策，特别是党对教育工作的部署要求，做到学思践悟、弄通做实。此外，加强宣传宣讲，引导教职工以习近平新时代中国特色社会主义思想武装头脑、指导实践、推动工作，用教职工愿意听、听得懂、听得进的语言，与支部书记、师生常态化沟通交流，常态化上党课，推动党的精神入脑入心、走深走实。潍坊第一中学以"数说二十大"为题，通过一连串的数字，结合学校发展实践，对党的二十大的思想内涵、战略部署和行动指南进行了解读，对教育部分的有关要求做了详细讲解，这种既生动又接地气的讲解方式，赢得了党员教职工的认可。

对学校党组织来讲，支部是根基，必须建强过硬党支部。三所学校按照党性观念强、组织能力强、育人能力强、廉洁自律强和群众威信高的"四高一强"标准，选优配强党支部书记。常态化开展党委书记与支部书记面对面交流活动，把党建的情况说在当面，把存在的问题摆在当面，把创新的做法亮在当面，把工作的要求留在当面，真正做到情况在一线了解、问题在一线解决、决策在一线落实。潍坊第一中学启动品质党支部创建，通过健全一套运行机制、进行一次专题学习、开展一项个性活动、涌现一群先进典型、解决一批具体问题、制订一个行动计划等"六个一"行动，全面提高新时代学校党支部建设质量，以党建统领提升教学质量，凝聚人心，激发活力。潍坊中学遵循便于活动、有效管理、服务师生、促进工作的原则，推进党组织进学科组，成立了11个学科教研项目党支部，在支部建设过程中以学科建设为基础、以支部标准化建设为抓手、以促进教学研究为动力，充分发挥了党支部的战斗堡垒作用和党员先锋示范作用，学校获评首批省级"一校一品"党建品牌示范校。

对学校党组织来讲，党员干部的表率和示范作用检验着党组织自身建设的能力。党员干部队伍的选配，要按照党性优、师德优、实绩优的标准，突出专业性、服务力、执行力建设。在给党组织班子成员分工时，要统筹考虑其专业背景、性格特征以及履历经验等情况，在尊重个人意愿的基础上结合实际工作需要，做到合理分工、人岗相适，既能形成合力、讲求团结，又能突破创新、敢抓敢管。潍坊北辰中学以抓党建带队伍、促教学、推改革、提士气，党委班子成员各司其职、担当作为，心往一处想，劲往一处使，干事创业氛围浓厚，学校建校一年便起步成势。三所学校均开展了月度优秀党员推选活动，挖掘身边典型，选树党员先锋，亮身份、做承诺，激励教师人人争做"大先生"。

学校是教书育人的场所，必须不断加强党风廉政建设，始终紧绷党风廉政建设这根弦。党组织书记要按照"时时处处守廉洁、方方面面看廉洁、里里外外抓廉洁、人人事事讲廉洁"的要求，聚焦涉及人财物的关键事项，聚焦易出问题的关键群体，聚焦关键时段节点，聚焦师德师风建设各项要求，强化党建统领保障，强化制度机制创新，强化严管厚爱导向，强化思政教育和警示提醒，营造风清气正的育人环境。

总之，在中小学校全面推行党组织领导的校长负责制背景下，党组织书记要有胸怀、有格局、有境界，与校长等业务负责同志团结协作，发自内心地支持大家改革创新、干事创业。"心底无私天地宽。"作为教育工作者，不论身在哪个岗位，都应凝聚合力立德树人，在中国式教育现代化征程上齐心协力，办好人民满意的高质量教育。

优先发展：在尊重教育的基础上重视教育

加快教育现代化，前提是要有资源保障，各级党委、政府必须对教育事业的重要性、专业性有清晰的认识，高度重视教育并在尊重教育规律、尊重育人专业性的基础上优先发展教育。这是优化教育治理、深化教育改革、提高教育质量、营造教育良好生态的基础。

办好一个区域的教育，离不开党委、政府的高度重视和大力支持。但是，与党中央要求的正确教育政绩观相比，与尊重教育规律和行业特质相比，当前基层和区域教育发展还比较普遍地存在着认知和行动两个方面的偏差和短板，呈现出两个"金字塔"状。

一是在履行优先发展的责任上呈现"倒金字塔"。教育是国之大计、党之大计。中央层面高度重视教育，坚持教育优先发展。对此，各地认真对待并通过出台一系列制度举措、政策加以推动落实。但从基层贯彻实施的实际情况来看，有些地方仍然不同程度存在着"喊起来重要、做起来次要、忙起来不要"的问题，与建设教育强国、推动教育高质量发展的要求差距较大。

二是在落实正确教育政绩观上呈现"正金字塔"。关于教育负担，中央出台了明确的政策文件，为学校、为教师减负。地方也据此制定了切合实际的减负清单。但基层减负"最后一公里"的问题仍未得到有效破解，各种不相干或者关联度不大的行政事务进校园问题仍然层出不穷，学校和教师承担着日益沉重的负担"正金字塔"。

之所以会出现上述情况，根本在于中央政策没有在基层落地生根，也在于部分基层党委、政府没有按照教育规律，没有按照正确的政绩观来重视教育、发展教育、评价教育。如果不是在尊重的基础上重视，往往就会把教育引向功利化、片面化、短视化的歧途。如何改变这种现状？最关键、最管用的就是用好评价这一指挥棒，通过深化教育评价改革，引导各级党委、政府树牢正确的教育政绩观，不断调适教育内外环境，重构区域教育良好生态。

习近平总书记在全国教育大会上指出，各级党委要把教育改革发展纳入议事日程，党政主要负责同志要熟悉教育、关心教育、研究教育。这就是说，重视教育的前提是要熟悉教育、关心教育和研究教育。熟悉教育，就要熟悉党和国家对办学方向、立德树人、教育发展、人才培养的新理念新要求，熟悉教育规律和人才成长规律，熟悉社会对区域教育的期待。关心教育，就要关心教育事业发展所需的资源配置，关心师生成长所需的支持保障，关心师生的身心健康。研究教育，就要及时研究上级新精神、教育新理念、出现新问题、各地新探索等，做教育改革发展的推动者、明白人。

党的二十大报告把教育强国作为全面建设社会主义现代化国家的基础性、战略性支撑，更加凸显了新时期党和国家对教育的高度重视。各级党委和政府只有充分深刻地认识并理解当前党和国家对教育工作的新定位新要求，才能在尊重教育的基础上重视教育，发自内心地将教育优先发展理念转化为推动教育改革发展的实际行动，并通过评价改革的引领，实现如下转变：

一是在遵循规律的基础上领导教育。习近平总书记提出教育改革发展"九个坚持"的新思想新观点，从根本上回答了"培养什么人、怎样培养人、为谁培养人""办什么样的教育、怎样办教育"等重大问题，这是新时期教育事业发展应当遵循的基本规律。加强党对教育工作的全面领导，就是要在牢牢把握"九个坚持"基础上，树立正确的政绩观和科学的教育发展理念，引导党委、政府把更多资源投向教育，加快实现由单纯追求升学率向建设高质量教育体系的转变，由过度关注分数向更加注重学生身心健康全面发展的转变，努力培养德智体美劳全面发展的社会主义建设者和接班人。

二是在现代治理的前提下支持教育。加快构建现代教育治理体系是激发办学活力、办好人民满意的教育的关键。下放教育和学校的自主权，通过优化学校内部治理结构，让家长和社会参与办学、参与监督、参与评价，构建政府、学校和社会之间的新型关系和家校社协同育人新格局。统筹各类进校园事项，推动实现"有求必应、无事不扰"。减少对教育、对学校的不合理评价，警惕"左手放出去的权，右手通过评价又收了回来"。通过完善改革推进机制，充分调动党委、政府支持改革、参与改革的积极性，营造起党委全面领导、部门协同配合、共同推动改革的良好氛围。

三是在守正创新的传承中变革教育。守正，就是要遵循教育的本质和规律，全面贯彻党的教育方针，始终坚持以学生为中心；创新，就是要关注师生的成长变化，适应教育改革发展新形势新要求，深化教育改革创新，努力创造适合每一位学生健康成长的教育。教育改革有稳定性和传承性，必须把底线、规矩摆在前面，"迈小步不停步"，真正营造起立德树人不动摇、遵循规律不折腾、改革创新不懈怠的区域教育良好生态。

四是在尊师崇文的氛围里办好教育。教师是教育发展的第一资源，有好的教师才能有好的教育。从"四个引路人"到"四有好老师"，再到"教育家精神"，指明了新时代建设高素质专业化教师队伍的目标方向。对党委、政府来说，尊重教育首先要尊重教师，办好教育必须要坚持把教师队伍作为一项重要的基础性工作来抓。要引导各界正确评价教师，激发教师立德树人内在动力，倡导社会尊重教师、关爱教师，努力营造尊师重教的浓厚氛围。还要选优配强市、县教育局长和教育行政部门班子成员，把教育部门作为一个专业部门来对待。同时，还要推动校长职级制改革，支持教育行政部门党委（党组）选好用好校长队伍。

通过教育评价的有力牵引，让地方党委、政府树牢正确的教育政绩观，在尊重教育的基础上重视教育。从具体实践的角度看，应当从以下四个方面深化完善评价改革，切实加以推动。

第一，设计科学完备的教育履职评价制度。这种评价机制的大框架至少应包括党委、政府每年制定一份个性化的教育履职清单（明确任务目标），每年召开一次教育高质量发展会议（统一思想认识），每季度集中研究一次教育改革发展（解决过程问题），每年组织一次教育履职评价（推动结果落实），每年组织一次下级党委政府和同级部门参加的述职评议（展示工作成果），每月通报一次教育重点事项进展（增强过程评价）等几项内容。通过系统性的评价，建构起真正重视教育、尊重教育的宏观制度机制。

第二，研制导向鲜明的教育评价指标体系。按照支持上"缺什么补什么"、服务上"到位不越位"等理念重点评价党委、政府给予教育人财物资源支持的发展性指标、激发办学活力的改革性指标、规范办学和安全的底线性指标、贯彻党的教育方针等战略性指标。这些都是党委、政府应该履职到位、监管到位、服务到位的关键指标。其他指标尽量不纳入对党政履行教育职责的评价，力求做到目标聚焦、精简高效。

第三，建立家校社共同参与的评价机制。建立全覆盖的家庭教育公共服务体系，做到有课程、有师资、有评价，让家长爱教育、懂教育。比如，将体育纳入中考，并与语文、数学等值比重后，学校如不开体育课、开不好体育课，家长就会投诉举报；将实验操作纳入中考后，学校如果缺少实验设备，家长就会反映。来自家长的力量会倒逼教育在优质均衡的基础上实现规范办学。此外，引入第三方专业评价力量，并变评价为诊断和指导，以此促进办学，实现教育事业的高质量发展。

第四，用好用活教育评价结果。对党政履行教育职责的评价，最怕一评了之、评而不用、大评小用、急评缓用。潍坊市坚持阳光公开，将评价结果在《潍坊日报》上公开发布，并且公布日期与全市两会召开日期为同一天。坚持每月公开印发党政主要负责人为教育解难题、办实事情况，营造"比、学、赶、帮、超"的良好氛围。教育评价结果还会纳入每年市委对县（市、区）领导班子和领导干部的年度考核。对评价中发现的问题，市委督查室也会跟进督查。这就形成了"不比状元比投入、不看升学看改革、不唯成绩唯成长"的良好生态，正确的教育政绩观就逐步树立起来。

实践证明，没有党委、政府在尊重教育的基础上重视教育的良好氛围，区域教育发展就容易偏离教育规律、偏离育人方向。在尊重教育的基础上重视教育，是从区域教育迈向教育现代化进程的前提，也是实现教育现代化这一全过程的保障。

第十八讲 校长职级制：用制度保障教育家办学

校长职级制是一项促进校长队伍专业化职业化发展、提升学校管理水平的改革举措，已在全国很多地方实施。山东省潍坊市自 2004 年全面启动中小学校长职级制改革以来，经过近 20 年深化完善，先后走过了四个阶段，目前已初步建立起比较成熟完善的制度体系，出台了一系列推进教育现代化的关键举措。一批热爱教育、懂教育、会管理的专家型校长成长起来，办出一批家门口的好学校，区域教育日益呈现出"轻负优质"的理想生态。

1.0 阶段：取消学校行政级别

这是校长职级制改革的破题启动阶段。改革之前，校长具有行政级别，其任免和管理实行任命制，难以充分体现专业化和竞争择优，导致校长推进改革的能力不够、动力不足、意愿不强。此外，在行政级别管理下，各种与教育教学不直接相关的会议、检查、评比、应急性任务等"事务"压于一身，校长不能静下心来按照教育规律潜心办学，学校教书育人的中心任务难以保证。受行政级别限制，校长在各级各类学校之间难以实现流动，好校长大多集中在好学校，成为阻碍优质教育资源公平配置的关键问题。

1999 年 6 月，第三次全国教育工作会议提出，试行校长职级制。潍坊市所属的高密市结合实际率先开始试点，在促进校长专业发展、激发学校办学活力等方面取得了显著成效。2001 年，潍坊市将试点范围扩大到市直学校。2004 年 9 月，潍坊市委、市政府出台《关于推行中小学校长职级制度的实施意见》，这标志着校长职级制改革在潍坊市全面推开，意味着以全面取消中小学校行政级别、理顺校长管理体制为主要内容的改革正式启动，迈出了校长走向专业化职业化发展道路的关键一步。

回顾这一阶段，改革的关键是取消了中小学校干部的行政级别，时任校长的行政级别按"老人老办法"实行档案管理，新任校长不再确定行政级别，校长全部参加职级评定，实行职级管理，按照职级高低落实待遇。这一举措解决了校长的职业动力问题，顺利实现了制度转轨，为实现校长的专业化职业化发展和不断提升学校管理水平奠定了制度基础。

2.0 阶段：搭建专家办学制度体系

2010 年，《国家中长期教育改革和发展规划纲要（2010—2020 年）》（简称《纲要》）颁布实施，"推行校长职级制"在国家层面被正式提上改革议程。围绕调动校长办学积极性、实现教育家办学的目标，2010 年 10 月潍坊市被国务院办公厅确定为"探索中小学校长职级制、深化中小学教师职称制度改革"试点市。在前期探索实践的基础上，结合《纲要》的新要求，潍坊的校长职级制改革开始走向旨在实现教育专家办学的 2.0 发展阶段。

2011 年 8 月，潍坊市发布《关于深化和完善中小学校长职级制改革的实施意见》，从如何选好校长、如何用好校长、如何激励好校长以及相应的保障制度四个层面，建立起包括校长后备人才遴选、校长公开遴选、职级评定、绩效薪酬、任职交流、延长退职年龄、校长监督、校长退出等一整套完备的、上下贯通的制度体系，并全面落地见效。截至 2023 年底，全市校长后备人才数量达到 1605 名，469 位校长由城镇学校、优质学校交流到农村学校、薄弱学校任职，19 位校长被评为特级校长、216 位校长被评为高级校长，新选聘的 281 位校长均出自教育系统优秀教师和管理干部，校长平均年听课 198 节，先后有 21 位市、县教育局业务副局长到学校当校长……。市、县财政为支持改革，每年拨付校长职级绩效工资达 3500 万元，建立并巩固完善了专家办学的制度框架。

这一阶段的改革，主要着眼于实现专家办学的目标，围绕怎么选校长、如何管校长，在取消行政级别的基础上，搭建起贯通衔接的专家办学制度体系，真正让校长能进能出、能上能下，全面激发了学校的办学活力，促使校长走上专业化、特色职业化的发展轨道，推动学校办学效益和教育质量不断提高。

3.0 阶段：推进依法自主办学

2015 年，教育部出台《关于深入推进教育管办评分离　促进政府职能转变的若干意见》，管办评分离、落实学校法定办学自主权成为教育改革的"必选项"。为落实好这些要求，潍坊市委、市政府出台《关于深化中小学管理体制改革若干问题的意见》，从加强学校党的建设、完善校长选聘机制、建立校长退出机制等方面，明确了 13 项新举措。以此为指导，市教育局会同相关部门印发《关于开展中小学依法自主办学试点工作的指导意见》《潍坊市中小学办学章程制定规程》等多个文件，建立起党委统一领导、政府依法宏观管理、学校依法自主办学、社会依法有序参与的现代教育治理体系，将校长职级制与落实校长负责制同步推进，与提高教育治理能力有机结合，使改革进入到 3.0 阶段。

这一阶段改革的主要做法是，将校长职级制改革全面纳入依法自主办学的轨道，将校长治理能力提升与办学育人实践融合，不但靠好校长更靠好机制，办出好教育。

　　一是理顺政校关系，建立政府宏观管理机制，明确"怎么管、管什么"的问题。把职称竞聘、评优树先、绩效工资分配等自主权还给学校，通过建立清单管理、底线管理制度明确校长的职责权限，规定了学校必须做和应该做好的事项。通过建立教育督导制度和"底线管理＋创新发展＋满意度评价"的学校考核机制，确保各项改革举措落到实处。二是完善学校内部治理结构，优化决策、执行、监督机制，解决好"谁来办、怎么办"的问题。通过完善党组织机构及各项制度，加强学校党组织建设，充分发挥学校党组织的政治核心、领导核心作用。通过制定学校章程，实现"一校一章程"，引导学校建立起按章程办学、自主管理、自我约束的机制。通过加强校务委员会、家长委员会、办学理事会、教职工代表大会的建设，让学生、家长和教师等利益相关者广泛参与学校治理，保障利益相关者知情权、参与权和监督权。三是深化教师管理体制改革，明确"依靠谁"的问题。在实现教职工"县管校聘"基础上，凡是涉及教职工切身利益的职称评聘、师德考核、评优表彰、绩效评价等事项，均由教师商量着办。同时，深化教师职称制度改革，实行教师中级职称和高级职称的师德前置、评前承诺等重要机制变革，构建教师层级激励机制，充分调动教师的积极性。四是引导社会依法有序参与，解决好"谁来评价、如何监督"的问题。通过建立学生家长全覆盖的学校办学满意度评价制度，促使学校、校长和教师主动关注每一名学生的健康成长。通过建立中小学办学理事会制度，让社会广泛参与学校治理，充分发挥其在学校决策、执行中的监督保障作用。通过引入第三方专业评价力量，确保对学校、对校长评价的专业性、公平性和权威性。

4.0 阶段：提高校长治校育人能力

2018 年全国教育大会召开以来，面对培养德智体美劳全面发展的社会主义建设者和接班人的时代重任，校长的职业能力与素养提升显得至关重要。特别是教育部等八部门《关于进一步激发中小学办学活力的若干意见》要求，各地要把培养好、选配好校长作为重要政治责任和激发办学活力的关键因素。因此，必须加快提升校长的专业素养。

同年，潍坊市启动实施校长治校育人能力提升工程，聚焦"政治过硬、本领高强"总目标，构建起"从严治党、现代治理、团队建设、课程领导、资源整合、改革创新、自我发展"七项能力提升模型。这七项能力包括：一是从严治党能力。校长要全面掌握党史国史军史，明确政治、思想、组织、作风、纪律、制度建设要求，熟悉党建、干部、人才、知识分子政策，在抓党建促教学、抓党建聚人心上做文章。二是现代治理能力。校长要健全完善、规范运行以学校党组织为核心，理事会、校务会、教代会、家长委员会为主体，按章程办学的"一核心四会一章程"的现代学校治理机制，解决好决策、执行、监督、评价等问题，推进扁平化管理，提高学校治理效能和办学效益。三是团队建设能力。校长要熟悉教师队伍建设的政策，对师德师能建设、校本教研、职称评聘、评优树先、绩效激励等有见解、有措施，善于调动教师的工作积极性。四是课程领导能力。校长要对教育规律和学生成长规律有深入研究，对课程开发实施全环节有总体把握，正确处理知识学习与实践体验、校内学习与社会锻炼、课堂学习与课外活动的关系，真正做到立德树人。五是盘活资源能力。校长要推动学校与家庭、社会的良性互动，把服务社会作为学校的重要功能，勇于承担社会责任；把合作共赢、开放发展作为学校对外关系准则，积极开展校内外合作与交流。六是改革创新能力。校长要以学生发展为中心，坚持问题导向，带领广大教师创造适合学生成长的教育，真正实现"公平用心对待每一位学生、促进每一位学生健康成长"的价值追求。七是自我发展能力。校长要树立终身学习观念，在实践中研究，在研究中反思，在反思中改进，弄懂基本的教育规律和管理之道，形成自己的教育思想。

这一阶段的改革，一是建立校长七项能力创新成果展示制度，将校长每学年的思考和办学实绩展示出来，作为其职级评定的重要依据。二是建立"未来教育家"治校方略路演制度，让校长后备人才全员参与。三是实施校长领军人才成长工程，培养一批治校育人卓越校长。

回过头来看，校长职级制改革在潍坊全面推开至今已近20年，基本经验主要有四个方面。

一是坚持落实学校办学自主权。在推进校长职级制改革的过程中，行政部门应简政放权，克服管得过多、过细，不敢放手、不愿放手等问题，充分落实校长的办学自主权，发挥好校长这一"关键少数"的重要作用，真正实现学校由"管理"到"治理"的转变。同时加强底线管理，列出学校规范办学的底线清单，树牢校长的责任意识；全面推进依法治教，依靠法律法规，创新和完善各项制度，建立起促进学校规范发展的有效约束机制。

二是坚持民主协商多元参与。校长职级制改革必须坚持在党委、政府的领导下，在组织、编制、人社、财政、教育等部门的协同配合、群策群力下共同推进。每一项触动利益的变革举措，诸如校长的职级评价指标体系等，都必须通过民主协商机制赢得利益相关者的广泛参与和充分支持。在明确教育行政部门职能定位，准确厘清政府与学校、学校与教师、学校与学生及家长等各种关系的基础上，要充分调动各方面参与改革的积极性。

三是坚持提升校长治校育人能力。再好的政策、制度都要靠学校来落实，只有始终把校长专业化、职业化发展摆在突出重要位置，不断优化制度供给，提供精准服务，建构宽松环境，加强评价引领，让校长遵循教育规律和人的成长规律，沿着专家办学的路子治校办学育人，才是校长职级制改革成效不断彰显的核心所在。

　　四是坚持不断深化改革久久为功。校长职级制改革是一项永不竣工的工程，既要根据党和国家对教育工作的新要求来修订完善制度体系，又要结合本区域教育发展的新变化来不断调适健全。只有通过一以贯之的深化完善，让校长职级制改革始终保持鲜活的制度创新力，带动校长、教师以及教育局局长等各个群体素质提升和专业化发展，才能推动教育综合改革、加快推进教育现代化、办好人民满意的教育。

第十九讲 优质均衡：既要公平性也要有差异化

教育兴则国兴，教育强则国强。教育承担着为党育人、为国育才的光荣使命，关系着民族的未来，是人民期盼、家庭关切、社会关注的大事要事。中共中央办公厅、国务院办公厅《关于构建优质均衡的基本公共教育服务体系的意见》明确要求，全面保障义务教育优质均衡发展。党的二十大报告也强调，要加快义务教育优质均衡发展和城乡一体化，优化区域教育资源配置。全国教育大会提出，要优化区域教育资源配置，推动义务教育优质均衡发展，逐步缩小城乡、区域、校际、群体差距。因此，加快推进区域教育优质均衡发展，既是党中央的重要决策部署，更是加快教育高质量发展、办好人民满意的教育的关键一环。

一、"四维协同"的内涵与价值

作为全国发展素质教育的典型，潍坊市承担了多项国家级教育综合改革试点任务，在推进区域教育优质均衡发展方面进行了系列创新探索和有益实践。比如，在全国率先提出"教育均衡"概念，2015 年全市 12 个县（市、区）在全省率先全部通过国家义务教育基本均衡县验收，2024 年 5 月，3 个县（市、区）通过全国义务教育优质均衡验收。从潍坊实践来看，要实现区域教育优质均衡发展，除了要进一步增加教育资源供给总量、优化教育资源分配机制，还应重点关注四个维度：满足人民期望、尊重学生差异、基于教师成长、科学评价引领。

（一）满足人民期望

党的二十大报告指出，必须坚持人民至上。让人民生活幸福，一直是中国共产党人矢志不渝追求的目标。教育事业是人民幸福的重要方面，满足人民群众对教育的美好期待是新时代教育工作者需要回答的重大课题。教育工作也要常思常想"为了谁、依靠谁、我是谁"，才能保证方向不偏、行稳致远。从这个角度来看，满足人民群众对教育的美好期望和实际需求，是推进区域教育优质均衡发展的出发点和最终目标。

（二）尊重学生差异

每一个孩子都是独一无二的，因此不能要求他们"齐步走"，而是要帮助他们实现在个性发展基础上的全面发展。推进教育优质均衡，也要建立在尊重学生个体差异的基础上，认可并尊重每个孩子的特点。教育的使命，就是通过因材施教、有教无类的教育方式，为每一个孩子找到适合其发展的人生道路，让每个孩子都能有人生出彩的机会，而不应该把他们按照同样的条件、同样的标准去培养。

（三）基于教师成长

教师肩负着培养德智体美劳全面发展的时代新人的重要使命。习近平总书记强调，要引导广大教师坚定理想信念、陶冶道德情操、涵养扎实学识、勤修仁爱之心，树立"躬耕教坛、强国有我"的志向和抱负，坚守三尺讲台，潜心教书育人。社会发展也对教师提出了更高的期待和要求——不仅要有高尚的师德、深厚的专业素养，善于进行家校沟通，还要具备一定的领导力和影响力。教育优质均衡很重要的一个方面，就是要推进师资队伍的优质均衡，无论是城乡间还是校际间，都要有一支高素质专业化的教师队伍。

（四）科学评价引领

评价是牵引，是指挥棒，直接决定优质均衡的走向。教育事业需要一个健康包容的发展环境。从党政机关层面看，要时刻都把教育摆在优先发展的位置上，真正地重视、支持教育；从全社会的角度看，要有浓厚的崇文尚教、尊师重教的氛围和传统。以上两个方面要有科学评价的引领，区域教育才能实现优质均衡发展。

满足人民期望、尊重学生差异、基于教师成长、科学评价引领这四个维度，从不同方面阐释了区域教育优质均衡发展的路径方法，同时也是相互依赖、互相作用的有机整体，必须统筹考虑、系统把握。

二、"四维协同"的实施策略

潍坊市坚持以满足人民期望、尊重学生差异、基于教师成长、科学评价引领"四维协同"的实施策略统筹推进教育体制机制改革，优化教育生态，取得了积极的改革成效，为全国区域教育优势均衡发展提供了"潍坊样板"。

（一）坚持人民至上，办好公平普惠的优质均衡教育

教育优质不优质、均衡不均衡，群众心里都有杆秤。因此，教育优质均衡，既要突出师生成长，又要坚持家长满意。

一方面，教育优质均衡体现在教育公平上。潍坊一直倡导树立公平的教育价值观，学校要公平用心对待每一名学生，教育行政部门也要公平用心对待每一所学校。虽然学生个性有差异，但学校要把每一个学生都当作

独特的个体来对待，要用包容发展的眼光来看学生，要为学生提供广阔的成长平台；对教育行政部门来讲，要公平对待每一所学校，虽然有的学校起点低、基数小，但是在条件保障上更要追求公平、保障到位。除此之外，还要保证入学机会公平、经费支持公平等，充分体现以人民为中心发展教育的导向。

另一方面，**教育优质均衡体现在教育惠民上。**潍坊坚持办有温度的教育，让学生和社会时时处处感受到教育的人文气息，让群众切身感知、体会到教育的优质均衡。例如，实施义务教育招生"零证明"、多孩同校就读、中高考志愿填报咨询服务、网上名优师公益课堂、"阳光润心"行动护航未成年人心理健康、线上线下一体化升级家庭教育服务、家长驿站等教育惠民行动，从师生、家长关注最多、感受最深的身边小事做起，让教育更贴近群众、更接地气、更能直接解决问题，打通教育惠民的"最后一公里"。成立家校社共育工作委员会，统筹协调相关部门和场馆、院所等教育资源，集中家庭、学校、社会的教育合力，助力学生全面健康成长。组建教育基金会，筹集爱心资金、物资等用以支持学校发展，盘活社会资源，让社会理解教育、关注教育、支持教育，共同为教育发展贡献力量。此外，大力推进惠民服务均等化，全市中小学校全部建立了教育惠民服务网，通过划分服务网格、配备服务专员、建设服务网公示牌等举措，及时回应每一位群众的教育诉求，将教育惠民服务延伸到每一个家庭、每一个社会角落。为满足家长的教育需求，在每个社区都设置了家庭教育指导员，为有需求的家庭随时提供教育指导；在每所学校的公众号上都设置了"教育惠民一码通"二维码，社会、家长对教育、对学校的需求、问题、建议可以随时通过扫码填报传达给校长、局长，力求第一时间回应群众诉求、解决突出问题、采纳合理建议。

（二）坚持学生中心，办好差异多元的优质均衡教育

教育优质均衡发展是以学生为中心的多样化发展，最终体现在为满足学生差异化发展提供公平的机会上。以学生为中心，涵盖了学前教育、义务教育、普通高中教育、职业教育以及高等教育等各个学段的学生。通过改革考试招生制度、完善职普融通机制、深化学生综合素质评价、实施个性化教育等举措，不断强化学生在教育改革中的主体地位，促进学生个性化成长。

一是改革考试招生制度。潍坊是教育部确定的中考改革试点市，自2005年启动试点以来，其间不断深化完善，建立起以"多次考试、等级表达、综合评价、多元录取"为特点的中考招生制度，旨在为每一个学生找到合适的跑道。2021年，新的中考改革方案出台，把体育、综合素质评价和语文、数学、英语等值，由原先的5个等级细化为8个等级，更加突出了基础学科的重要性。在此基础上，物理、化学、生物、道德与法治、历史、地理六门学科由高中学校根据学校办学特色，自主选择其中四科作为招生录取科目，实现了高中选才的多元化，减轻了学生的学业压力。这样的考试招生方式，使得学生不再争先恐后地上培训班补所谓的"短板"，而是变"补短板"为"扩优势"，极大地解决了"双减"改革面临的课外学科培训问题。同时，扩大普通高中的招生自主权，每所高中基于办学特色确定招生标准，采取特长录取与综合录取相结合的方式，既公平面向全体学生，又注重拔尖创新人才培养，让学生找到适合自己的成长路径。

二是完善职普融通机制。作为首批普通高中新课程新教材实施国家级示范区和教育部山东省共建国家职业教育创新发展试验区，潍坊市用好"双区"叠加优势，不断完善普职融通机制。持续推进贯通培养、一体化招生、产教融合等改革举措，实现中职学校和普通高中学分互认、学籍互转。创新开展综合高中试点，高一结束后学生可以根据成绩和兴趣选择普

通高中或职教高考班，并转到相应的学籍，拥有了二次选择的机会。通过系列改革探索，为学生享受多样化、个性化的优质中等教育提供了更多选择项，搭建了更多成长通道。

三是深化学生综合素质评价。坚持德智体美劳"五育"并举、融合发展，导向优质均衡。潍坊市创新建立了"量表＋标志性成果＋底线"机制，对学生思想品德、学业水平、身心健康、艺术素养、社会实践等方面的素质进行过程性综合评价，并将评价结果纳入中考录取依据，和语文、数学、英语、体育与健康学科等值对待，引导学生德智体美劳全面发展。正是因为注重学生的"五育"发展，在全国青少年科技创新大赛中，潍坊学生获奖数量连续多年保持山东省首位。

四是实施个性化教育。实施个性化教育，前提是要尊重学生差异。要处理好每位学生在学习机会均等基础上学习能力的均衡，把控好其学习动机、学习方法和学习毅力，让他们在学习过程中健康成长。要关注学生成长的三个关系——同伴关系、师生关系和亲子关系，引导学生构建起稳定、均衡的关系网。教育优质均衡的前提是尊重学生个性差异，为每位学生提供适合的教育。推进教育优质均衡一定是建立在尊重差异基础上的，差异化的均衡才是均衡的最高境界。

（三）坚持教师第一，办好教学相长的优质均衡教育

强教必先强师。要实现教育优质均衡、构建高质量教育体系，必须要促进教师成长，深化教师队伍改革，加快提升教师的育人能力和水平，实现城乡学校之间、优质校与薄弱校之间师资的均衡配置和发展。

一是以教师人岗相适推动教育均衡。作为校长职级制改革、"县管校聘"改革等一系列教师队伍建设改革的国家级示范区，潍坊市创新建立了"三定三聘三评"的教师管理评价体系，定编制总量、定岗位总量、定绩效总量，聘工作岗位、聘职称岗位、聘层级岗位，评师德素养、评业绩

表现、评专业水平，由教育行政部门定总量，学校实施自主聘任、组织评价。通过树立"干多干少拉开差距、教好教坏大不一样"的价值导向，让教师把心思用在教学上，把精力放在孩子成长上。

二是以制度设计深化教师职称改革。教师职称制度改革的导向是"把职称评给大家最认可的教师"，这也是促进教育优质均衡的一项有力举措。我国现行的中小学教师职称体系，就是 2009 年 3 月人力资源和社会保障部、教育部在潍坊先试点、后推向全国的。近年来，潍坊的教师职称制度改革探索出下放学校用人自主权、"一校一方案"、全体教师 85% 满意度通过后再实施、"教师的事情由教师商量着办"等评聘新机制，这些机制成为推进此项改革的基本路径，也成为推进教育优质均衡发展的重要制度设计。

三是建立教师专业发展层级激励机制。实现人岗相适，激发每位教师的内在动力，是教育优质均衡发展最核心的内容。为此，潍坊在全市中小学校建立了新入职教师、胜任型教师、骨干型教师、专家型教师、导师型教师的教师专业发展层级激励机制，为教师专业发展打通了"天花板"，让教师除了职称之外更注重提升专业素养，让每位教师都更有动力。没有教不好的教师，只有不匹配的机制。让每位教师都能找到自己的成长发展方向，便是为实现教育优质均衡发展奠定了最坚实的队伍支持和保障。

（四）坚持评价引领，办好特色多样的优质均衡教育

教育优质均衡发展必须由科学评价来引领和保障。有什么样的评价指挥棒，就有什么样的教育发展样态。潍坊市通过创新对党政、学校和校长的评价机制，支撑、保障、推动、引领教育优质均衡发展。

一是党政科学履职的评价。如果党委、政府不重视教育，那么教育一定办不好；如果党政负责人不能按照教育规律重视教育，那也很难办好教育。2001 年，潍坊市委印发《关于建立教育执法责任制的通知》，规定每

年对县（市、区）开展一次教育综合督导，开启了党委、政府年度教育督政的先河。每年市"两会"期间在日报、电视台通报督导结果。督导结果由市委组织部备案，作为县级党政主要领导、分管领导年度考核重要内容。同时，潍坊市委、市政府出台了《潍坊市县市区党委政府履行发展教育职责清单》，成立了市长任主任的潍坊市教育督导委员会，建立了月度通报县（市、区）党政主要负责同志调研决策教育事项机制，实现党政同督同责，督发展、强保障，督改革、提效能，督底线、促公平，千方百计引导党委、政府将各种要素、资源投向教育，保障教育优先发展。

二是对学校立德树人的评价。对学校的评价有两个目标：一方面，促进学校之间的均衡；另一方面，促进学校内部的均衡。促进学校之间的优质均衡，需要通过设立一系列的基本条件，作为一所学校达到优质均衡的标准，引导学校按照标准条件，竞相推进优质均衡。这方面，潍坊创新出台了《潍坊市县市区办学水平评价实施方案》，分别制定学前教育、义务教育、普通高中、中等职业教育办学水平评价办法，3 年一个评估周期，每年评价 1000 所学校，让学校办学方向更加明确。在促进学校内部均衡方面，系统构建了"基础规范＋创新发展＋办学满意度"的学校评价体系。基础规范，就是列出学校必须做好和不能出现的底线清单，加强日常监督；创新发展，是在学生健康成长、教师专业发展、课程资源建设、学校文化生成、改革创新项目等方面，采取学校自主申报举证与第三方专家核实评价相结合的方式认定；办学满意度，则由涵盖党的建设、学校班子、队伍建设、课程课堂、改革创新等多个维度的教师满意度和家长满意度合成，普通高中和中职学校再增加学生满意度。校际的优质均衡通过教育行政部门的资源供给和督导落实较为容易实现，因此优质均衡的重点应该向内，把校内优质均衡情况作为对学校评价的重点。

三是对校长治校办学的评价。校长是推进教育优质均衡的"关键少数"。在中小学校不取消行政级别，不推行校长职级制改革，教育的优质均衡发展便很难实现。行政级别高的学校一般是优质学校，如果保留行政级别，只能是从"薄弱学校"到"强势学校"交流学习，很难实现逆向交流。为此，潍坊市从 2004 年开始率先实施校长职级制改革，全部取消学校行政级别。经过近二十年深化完善，目前已建立起包括校长后备人才、校长公开遴选、职级评定、绩效薪酬、任职交流、延长退职年龄、校长退出等一整套有利于专家办学的制度体系，校长走专业化的成长路线，按照初级校长、中级校长、高级校长、特级校长来评定校长职级，不再与行政级别挂钩。一批热爱教育、懂教育、会管理的专家型校长成长起来，办出了一批家门口的好学校。所以说，精准有效的评价是促进办学主体内在和外在均衡化的引领保障。

三、"四维协同"的未来工作展望

（一）加强资源要素保障

没有钱办不出好教育，有了钱不改革同样办不出好教育。教育优质均衡，最需要不断加大经费投入，持续改善办学条件，按照素养导向升级学习空间，满足师生个性化、多样化的需求。具体来说，就是党政要坚持教育优先发展，确保教育用地优先安排、教育问题优先解决、教育经费优先保障、教师待遇优先改善、教育项目优先落实。这方面，潍坊通过加快推进中小学幼儿园建设"三年行动计划"，加快推进午餐午休、塑胶操场、清洁厕所、触控式一体机教室、标准化校车"五个全覆盖"，全力满足群众对优质教育资源的需求。

（二）深化课堂教学改革

要始终坚持"因材施教永远在路上"的理念，为每位学生提供合适的教育。从课程设计、课堂讲授、课业评价到社团建设、课后服务、学情会商等方方面面，努力做到关注每一个学生的成长变化。要特别注意抓住教育数字化转型的契机，以数字化推动育人精准化，在助教、助研、助管、助学等领域实现点上突破、面上推进，让"大规模因材施教"成为可能。这方面，潍坊坚决落实"五育"融合，坚持因材施教、学为中心、全学程优化等理念，大力实施数字赋能行动，深化基础教育课程和教学改革，走好"轻负优质"的素质教育之路。

（三）抓好人才第一资源

办好教育关键在人，在于充满活力的教师队伍。不断提高每一位教师的专业素养，调动激发他们自我成长的内在动力，是提高教育质量的根本所在。不仅教师要专业精通，从事教育管理工作的人员，比如教育局局长、校长，包括学校的后勤服务人员，都应该是专业精通的。让专业的人干专业的事，应当成为区域教育优质均衡的应有之义。在这方面，潍坊组建成立了全市教育人才工作专班，每季度召开一次会议，统筹抓好教育人才工作；优化教育人才引进、培养机制，加强对研究水平、学科专业素养的考查力度，引进用好高端教育智库，依托教育智库引领驱动潍坊教育高位发展。

（四）深化评价机制建设

加快区域教育优质均衡发展，要尊重学校差异、办学特色、教师风格、学生特长，重点是依托评价改革调动"三个积极性"，即校长治校办学的积极性、教师教书育人的积极性、学生学习的积极性。在这方面，潍坊依托教育评价改革试验区优势，深化党政、学校、教师、学生、社会等全领域体制机制创新，引导党委、政府加大资源要素保障力度，全面落实立德树人根本任务，深化教师队伍管理体制改革，促进学生德智体美劳全面发展，动员和引导社会各界支持教育发展，营造良好的区域教育生态。

教育优质均衡是一个长期的、动态的过程，不可能一蹴而就，不能搞"一刀切"。要实现教育优质均衡，就要坚持用改革的思维来解决优质均衡过程中遇到的各种问题，更好地集中优势资源、汇聚工作合力，共同推动区域教育加快实现优质均衡，为孩子们的健康成长保驾护航。

推进区域教育优质均衡发展，既要注重"均衡"，更要突出"优质"，最终要迈向更加公平、更有质量的发展。要坚持满足人民期望、尊重学生差异、基于教师成长、科学评价引领这四个方面的路径和策略，才能办出社会满意认可、学生全面而又个性成长、教师发展活力充沛、评价体系科学多元的高质量教育。正是在这种高质量导向的引领下，潍坊教育才呈现出"各类教育协调、区域优质均衡、体制机制灵活、群众满意认可"的生动局面。

因此，衡量一个区域教育的优质均衡发展情况，可以从两个层面来关注和比较。一方面，从整个区域教育发展来看，只有具备教育优先发展氛围浓厚、经费资源条件保障充分、教师队伍素养整体提升、学生健康成长渠道多元、区域教育治理活力充足这五个要素，才能说明这个区域的教育优质均衡达到了一定程度；另一方面，从整个学校发展来看，学校是否精致、师生是否精神、育人是否精准、专业是否精通、管理是否精进，也很能说明学校办学治校的水平高低以及区域教育的优质均衡发展情况。

当然，要充分认识到，随着时代的发展和需求的变化，教育优质均衡发展始终处于一个动态变化的过程中，这就需要因地制宜、因势利导。但最终的目标和指向，都应当是培养德智体美劳全面发展的时代新人。

县管校聘：有效激发教师队伍内在活力

　　"县管校聘"改革，是国家层面为激发教师队伍活力、促进师资均衡配置而设立的一项教师管理制度。潍坊市是教育部确定的首批义务教育教师队伍"县管校聘"管理改革示范区。自 2015 年起，全市开展了以"按需设岗、分层聘任、合同管理、绩效激励"为主要内容的教师队伍"县管校聘"改革，建立起教育行政部门宏观管理、学校按岗聘人、教师有序流动的用人机制，激发了教师队伍的活力，有力促进了区域教育的高质量发展。

一、坚持先人后事，找准改革目标方向

　　"县管校聘"改革涉及教师管理体制，需要结合各地实际，明确改革的初衷，厘清改革的头绪，确保改革的方向。

　　一是落实学校用人自主权。潍坊推进教育综合改革，核心价值追求之一便是落实学校的用人自主权，而教师的聘任管理自主权则是其中最重要的一项。学校只有拥有用人自主权，才能按照教育规律、学校形态来推进办学、教学，才能建立行之有效的教师管理体制。通过推行改革，把用人自主权还给学校，是实施"县管校聘"改革的最直接目标。

　　二是保护教师合法权益。在推进"县管校聘"改革的过程中，潍坊坚

持把保护教师的合法权益放在首位。通过实施学校与教师间的"双向聘任"，既让学校拥有教师选聘权，又赋予教师工作岗位选择权，打破了教师固定在一所学校、一个岗位长期甚至终身不变的格局，给予广大教师和学校多次选择的机会，最大限度做到人岗相适。

三是调动教师的积极性。在落实立德树人根本任务的过程中，"干多干少一个样、教好教坏一个样"的错误观念仍然存在。通过推行"县管校聘"改革，建立起"层层聘任、能上能下、能进能出"的用人新机制，大大调动了教师立足本职岗位、潜心教书育人、落实立德树人的积极性、主动性，激发了教师的从教热情。

四是提高学校用人效益。从县（市、区）层面来看，教师数量达上万名，教师工资等经费支出在县域财政支出中占了很大比重。随着党委、政府对教育事业越来越重视，教育经费支出所占比重越来越大，但是部分学校教师工作积极性却在不断下降，教师资源得不到有效利用，用人效益得不到发挥。通过推行"县管校聘"改革，让教师找到最适合自己的岗位，实现了师资配置的效益最大化。

五是促进师资均衡配置。从教育部以及省级层面来看，实现师资均衡配置，是推行"县管校聘"改革的重要初衷。党的十九届六中全会提出，要大力推进共同富裕。结合城乡之间、校际之间的差异背景考虑，实现共同富裕战略落实到教育上，就是要大力推进教育公平和教育均衡，最核心的就是要推进教师队伍的公平和均衡。实现教师队伍均衡配置，促进教育优质均衡发展，是推进"县管校聘"改革的重要动因。

二、优化改革路径，激发教师育人活力

"县管校聘"改革是一项系统工程，需要部门协同，统筹推进，凝聚改革合力。经过多年探索，潍坊市建立起以"按需设岗、分级聘任、合同

管理、绩效激励"为核心的"县管校聘"实施路径，调动了学校、教师参与改革的热情，激发了教师队伍的育人活力。

一是核定总量，按需设岗。实施"县管校聘"改革的过程中，编制、人社、财政等部门实行总量控制，按照"统筹城乡、优化结构、有增有减、动态调整"的原则，会同教育部门根据生源变化、师资结构和教育教学改革需要，定期核定教师编制、职称岗位、绩效工资"三个总量"，整体交付教育部门使用。教育部门根据学校地理位置、学段特点、师资结构、生源数量、社会认可度等因素，将核定的编制、职称岗位、绩效工资总量具体分配到学校，分别报编制、人社、财政等部门备案后实施。各学校成立校务委员会领导下的聘用机构，在分配的编制、岗位内，根据教育教学工作需要，科学合理设置岗位，制定聘用工作方案，自主开展岗位竞聘，加强岗位职责考核，实现自主用人。

二是分级聘任，有序流动。通过构建校内双向竞聘、学区跨校竞聘、县域统筹调配的三级聘任机制，引导教师有序流动，激发学校用人活力。第一步是校内双向竞聘，区分教学岗、行政岗、后勤岗，层层实施聘任。副校长由校长提名，按照校长职级制有关规定，由教育行政部门党委考察聘任；中层干部在规定职数内由校长聘任；教师由中层干部聘任，由教师与中层干部根据平等自愿、协商一致的原则进行双向选择。第二步是学区跨校竞聘，在一所学校任职超过两个聘期、教师个人主动提出校外交流和校内竞聘未成功者，可以参加学区内跨校竞聘。跨校竞聘比例控制在全校岗位的 5% 左右，既防止了大批优秀教师一次性调离，又实现了教师的跨校流动。第三步是县域统筹调配，对第二轮竞聘失败的教师实行县域内协调交流，由教育行政部门根据整个县域内学校用人需求，安排交流任教。三轮分级竞聘优化了教师资源配置，用制度保证了教师合理流动。

三是合同管理，动态调整。对聘用的教师实行合同目标责任制管理，聘任学校与受聘教师按照"一岗位一合同"的原则签订聘任合同，加强聘后管理。实行待岗教师培训制度，对在学校、学区、县域三级竞聘中落聘的教师，由县级教育行政部门人才服务机构负责组织实施待岗培训。建立教师退出机制，对待岗培训3个月仍未聘用的教师进行低聘或转岗，半年未聘的不能参加年度考核，超过1年未上岗的按照相关程序予以解聘。对严重违纪违法的，依纪依法予以辞退或开除。教师根据个人意愿，经学校和教育行政部门同意，可以提出辞聘。真正建立起"能上能下、能进能出"的用人新机制，使教师由"学校人"转变为"系统人"，变"身份管理"为"岗位管理"，建立起人权、事权相统一的学校聘用管理制度。

四是绩效激励，激发活力。加强岗位目标管理评价，建立以工作绩效为重点、以服务对象满意度为基础的岗位履职考核办法，考核结果作为岗位调整、评优晋级、绩效工资分配的重要依据。加大学校内部分配制度改革，将教师绩效工资分配权下放至学校，坚持"一校一方案"，由学校制定竞聘方案、考核办法、绩效工资分配方案等，经教职工大会（或教职工代表大会）审议通过，85%以上人员同意后实施。建立班级管理团队激励机制、绩效工资增量机制，推行"一包两自"改革，将生均公用经费和教师绩效工资总量"打包"拨付给学校，由学校统筹使用，实现"以岗定薪""薪随岗变"，树立起"多劳多得、优教优酬"的价值导向。完善改革评价监督体系，健全信息公开、人事争议仲裁和教师维权服务机制，保证教师信息获取和诉求渠道畅通、高效，保障广大教师各项合法权益，增强教师对改革的认同感。

三、建立统筹机制，发挥改革最大效益

教师"县管校聘"改革本质上是一项人事制度改革，涉及编制、职称、绩效工资等教师的切身利益，单靠一项制度改革很难达到预期成效，需要各项改革同步推进来保障落实。

一是推进校长职级制改革。校长职级制改革是推进"县管校聘"改革的前提，只有校长的管理体制改了，教师管理体制的改革才会顺理成章、稳步推进。通过推行校长职级制改革，让热爱教育、懂教育、会管理的人做校长、办学校，实现校长队伍专业化、职业化，引导校长当好教师专业发展的服务者、引领者，将"教师第一"理念落到实处。围绕选好校长，建立校长后备人才制度、校长公开遴选制度，把校长岗位变成一个公开竞争的岗位，实现"谁有能力谁来当"；围绕用好校长，建立校长职级评定、绩效考核、培养培训、满意度调查、任期交流、追责退出六项制度，不断提升校长治校育人能力；围绕激励好校长，建立校长职级绩效工资、优秀校长延期退休、校长与教育行政部门交流任职三项制度，激发校长持续发展动力。探索开展"一校长多校区"改革，通过实施学区化管理，降低了教师交流阻力，促进了教师合理流动。

二是深化教师职称制度改革。职称制度改革涉及教师切身利益，是影响教师队伍积极性的重要因素，也是"县管校聘"改革的关键环节。通过推进职称制度改革，将职称评聘自主权下放至学校，实行指标到校、"一校一方案"，经全体教师85%以上满意度通过后实施，实现了"教师的事情由教师商量着办"。中级职称全部实行审核公示备案制度，高级职称将学校自主排名作为评审重要依据，确保将职称评给大家最认可的教师。突出师德表现、课时量、班主任、育人成效等评价指标权重，弱化论文、"帽子"等因素，切实保障学校教书育人的中心地位，真正让教师可以心无旁骛地教书育人。教师职称制度变成了一项正向激励政策，职称评审不再是让教师烦心、焦心、焦虑的事情，充分调动了教师队伍的积极性。

三是实施教师绩效工资改革。绩效工资改革是"县管校聘"改革的重要基础，实现教师"薪随岗变"，增强教师的职业获得感、幸福感是保障教师安心从教的关键。潍坊推进绩效工资改革，一方面，打破奖励性绩效和基础性绩效间的比例限制，由学校根据发展实际、教师队伍结构和状态来确定奖励性绩效比例的高低；另一方面，建立起贯穿各学段的教师绩效工资增量机制和学校自主分配机制，重点向教书育人岗位和一线教师倾斜，实现"多劳多得、优教优酬"。义务教育学校按照生均标准核拨绩效工资增量，学生越多，绩效工资越多，将绩效工资和学生成长结合起来。普通高中建立超工作量专项经费，按照省定普通高中生师编制比例，核定学校教师总数的 25% 以及同校教师上年度人均工资额，突出分层教学、选课走班、新高考改革等导向，核拨普通高中教师超工作量专项经费，纳入学校绩效工资总量，体现改革导向，按照"优教优酬"原则实行二次分配，调动教师的积极性和参与热情。

四是加大新教师引进力度。一支师德高尚、数量充足、结构合理、素质优良、充满活力的教师队伍是推进"县管校聘"改革的前提和基础。潍坊持续加大教师补充力度，每年引进新教师 3500 人以上。在全省率先出台有条件放开县（市、区）教师编制改革的若干措施，有效保障教师引进用编需求。创新招聘方式，突出学校选人用人权限，面试环节增加对师德素养和从教潜质的考察，采取先面试后笔试、校园招聘等方式，加大高层次人才引进力度，提升教师队伍整体素质。建立农村学校机动编制专户、城镇学校破解大班额周转编制专户、短缺师资专项配备等多项制度，切实保障农村学校教师、急需学科教师需求，为"县管校聘"改革提供了人力支撑。

五是建立师德考核制度。师德师风是评价教师素质的第一标准，也是推进"县管校聘"改革的内在动力。潍坊坚持师德为先，制定师德考核十条意见，建立起"一校一方案、一学期一考核、与办学满意度联动"的师德考核监管机制，将师德考核落到实处。建立 36 条师德师风负面清单制度，制定市、县、学校、教师四级责任清单，开展有偿补课专项治理。创新建立涵盖全市教师、市县校三级贯通的师德考核电子档案系统，对职务晋升、职称评聘、岗位竞聘、评先树优等教师实行前置"体检"，师德不优秀，取消推荐资格。设立教学成果奖、特级教师、优秀教师、青年教改先锋等荣誉制度，激发教师的责任感、荣誉感和使命感。

六是推进依法自主办学改革。潍坊实践的经验表明，落实学校用人自主权、教师教学自主权，实现"学校的事情学校说了算""教师的事情教师商量着办"，关键是要遵循"相信教师、尊重教师、激励教师、成就教师"的价值理念，提升学校治理效能。加快学校组织变革，推进"扁平化"管理、分权式决策，优化学校内部治理结构。建立目标管理、清单管理、项目管理、底线管理、风险管理、协商管理、价值管理七项管理制度，提升学校运行效率。坚持"管得越少，办得越好"理念，深化"放管服"改革，创新"管办评"分离机制，将干部教师管理权、学生管理权、普通高中招生权、财产财务管理权全部还给学校，释放学校办学活力，为实施"县管校聘"改革营造良好环境。

七是建立党组织领导的校长负责制。全面加强党的建设，发挥党建统领作用，是推行"县管校聘"改革的根本保障。潍坊坚持党管办学方向、管改革发展、管教师队伍，把加强党的全面领导融入"县管校聘"改革全过程。建立完善党组织领导的校长负责制，选优配强党组织书记持续提升学校组织力。重大事项实行党委研究前置，"县管校聘"改革过程中涉及教师的重大事项，由学校党组织集体研究讨论决定。完善建立"四会一章程一核心"的现代学校治理机制，不断扩大教师教学自主权，调动其教书育人的积极性。以强有力的党建统领保障"县管校聘"改革发展，激发教师"为党育人、为国育才"的荣誉感、责任感和使命感。

笔者在多年实践探索中，总结提炼出潍坊推进"县管校聘"改革的几点认识和感悟。

一是管得越少，办得越好。《中华人民共和国教育法》明确规定，学校的教育教学及日常事务管理由校长负责。无论是教育教学、学校管理还是教师管理改革，都应该保障好校长的关键地位。教育行政部门应选好校长、服务好校长、成就好校长，依靠校长来管理好学校。

二是一名好校长办出一所好学校。推进"县管校聘"改革是对校长管理艺术、治校智慧的重要考量。一名好校长、专家型校长、先人后事的校长，一定是尊重教师的好校长，也一定能够办出一所好学校。

三是要尊重人、发展人、成就人。"县管校聘"改革涉及人事制度变革，要想取得成功，达到预期成效，前提是要尊重人。要坚持尊重校长、善待教师的原则，以发展教师、成就教师为目的推进改革取得实效。

四是要激发教师的荣誉感、责任感和使命感。推进"县管校聘"改革过程中，要将重点放在学校内部双向聘任、层层竞聘上，而不是放在片面追求教师跨校交流比例上。推行"县管校聘"改革，如果让教师产生一种被当作聘任制人员、合同工、临时工的不稳定感，他们便会失去对学校的归属感和荣誉感。

五是要保障教师的知情权、参与权、表达权和监督权。"县管校聘"改革和教师切身利益直接相关，方案制定、推进实施、聘任公示等过程，都应让教师享有充分的知情权、参与权，而不是由学校行政部门、学校领导来主导实施。要完善教师诉求反映渠道，落实教师监督权利，给予教师充分的话语权。

推进"县管校聘"改革，为教师营造舒心、静心、安心从教的教育教学环境，激发广大教师的从教热情，引导教师潜心教书育人，主动承担起为党育人、为国育才的时代使命，是推进"双减"政策落地见效，推动教育减负提质的重要基础、关键一环。

中考改革：营造五育融合的绿色生态

中考改革既涉及万千学生的切身利益，又承担着立德树人、引导教学、服务选才的责任，各项举措推进需慎之又慎。潍坊市推进改革的过程中围绕着这样几个关键词：第一个是高质量，即潍坊中考改革指向高质量教育体系构建；第二个是不断深化，即潍坊从 2005 年开始推进中考改革，持续到现在，一直在不断深化的路上；第三个是转化，即将国家层面的要求、学生健康成长的需求等转化为可执行的制度机制；第四个是市域统筹，基础教育是一个统筹单元，而中考改革的事权在地市级范围。潍坊作为山东省的一个地级市，就是在市域范围内统筹推进中考改革。

2001 年，潍坊被教育部确立为全国基础教育课程改革实验区，而课程改革很重要的两根指挥棒就是中考和高考。在这一背景下，潍坊从 2005 年开始推进中考改革，并以此为突破，引领课程改革不断深化。2018 年全国教育大会召开之后，党和国家出台了一系列教育改革的重大文件，对育人方向、育人路径做了很多更新和要求。笔者认为这里面与中考改革相关的、比较重要的有三个方面。

一是教育评价改革。 2020 年，中共中央、国务院印发《深化新时代教育评价改革总体方案》，明确指出"教育评价事关教育发展方向，有什么样的评价指挥棒，就有什么样的办学导向"。中考作为考试招生制度改革的重要一环，是评价体系中的重要内容。

二是普通高中育人方式变革。2019 年，国务院办公厅印发《关于新时代推进普通高中育人方式改革的指导意见》，提出了普通高中育人方式变革的 23 条要求。要想实现这些要求，很重要的一点就是抓住中考这个入口，从源头上推进普通高中育人方式变革，在这方面潍坊做了很多探索。

三是义务教育"双减"改革。2021 年，中共中央办公厅、国务院办公厅印发《关于进一步减轻义务教育阶段学生作业负担和校外培训负担的意见》，从国家层面推出义务教育"双减"政策。在义务教育"双减"背景下，要想引导学生，特别是引导学校、校长真正落实"双减"政策，很重要的一点就是要靠发挥招生考试体系的指向作用来引领和带动。

党的二十大报告首次将教育与科技、人才作为单独一部分进行系统阐述，对办好人民满意的教育提出了新的更高要求。在教育领域，涉及中考改革或与中考改革直接相关的主要有六个方面。

一是加快建设高质量教育体系。建设高质量教育体系对人才的选拔、培养和评价等提出了新的要求，在这一背景下如何深化中考改革需要经过深思熟虑。

二是发展素质教育。党的二十大提出培养德智体美劳全面发展的社会主义建设者和接班人的育人目标，赋予素质教育新的时代内涵。在这一背景下，如何深化中考改革以适应发展素质教育的新要求，也需要重点考虑。

三是促进教育公平。招生考试是保障教育公平的一个重要前提，招生考试制度第一要义就是其公平性。具体来讲，就是要考量这项制度对每一个学生是否公平，是否做到起点公平、入口公平、程序公平，这也是中考改革要考虑的。

四是高中阶段学校多样化发展。中考改革要服务于高中阶段学校，即服务于普通高中学校和中等职业学校。通过中考改革，建立与高中阶段学校多样化发展相适应的选拔录取机制，以此推动学校不断转型升级，形成自己的育人特色、办学特色和办学理念。

五是推进职普融通。潍坊是全国中考改革试点市，也是省部共建职业教育创新发展试验区。党的二十大提出要推进职普融通，中考改革的目标之一就是要指向职普融通。

六是完善学校管理和教育评价体系。要破解初中学校"唯分数、唯升学"的问题，就需要通过中考改革来完善义务教育学校特别是初中学校内部管理和教育评价体系。通过机制变革解放初中学校、解放义务教育，让学生能够按照五育并举的理念健康成长。

在十几年深化改革的基础上，2021年，潍坊市出台《深化高中阶段学校考试招生制度改革实施方案》（即潍坊通俗讲的"新中考改革"），对应国家新高考改革。新中考方案的大体架构、价值趋向和实现目标就是贯彻落实党的二十大精神、党和国家关于教育工作的重大部署，重点突出以下三个方面。

一是落实五育并举和五育融合。当前，大家都在致力于研究新时代德智体美劳五育并举和五育融合，二者是递进关系，首先要做到五育并举，然后才能做到五育融合，这要靠中考改革来引领和推进。

二是应对新高考改革。2014年国家出台新高考改革综合方案，2017年山东省实施新高考改革，2020年是山东省新高考落地第一年。从潍坊应对新高考的经验来看，需要推行中考改革，让初中学校甚至是整个义务教育阶段学校的教育教学理念与新高考的价值追求相契合，与培养学生核心素养和关键能力的育人目标相一致。同时，新高考改革给了学生更多的选择权，取消了文理分科，采用"6选3""7选3""3+1+N"等科目选择模式。要在中考改革中体现这些选择，就要让初中毕业生在义务教育结束之后巩固基础学科、培养优势学科，也就是要让学生在全面发展的基础上突出优势学科。

三是坚持问题导向。2020年潍坊被设立为普通高中新课程新教材实施国家级示范区，2024 年潍坊又被设立为义务教育教学改革实验区，如何解决课改难题、给出潍坊答案，推动新课程新教材实施和教育教学改革落地，需要通过中考改革来跟进、引领。

关于潍坊中考改革的总体框架，概括起来就是等级表达、综合评价、学校自主和多元录取。

一是等级表达。考试成绩通常都是以分数形式呈现，潍坊考试则是用等级来表达。每个学生成绩用 A、B、C、D、E 各个等级呈现，不再聚焦到具体的分数。这样做的导向就是解放学生，不用再以分数论英雄，不用再去分分必争，有效避免过度竞争。

二是综合评价。将学生综合素质、体育与健康、美育、安全教育等各个方面纳入中考，不单纯依据考试成绩，而是全面评价学生。

三是学校自主。由各个高中学校根据自己的特色和优势制定招生方案，自主确定评价标准和录取标准，体现了推动高中学校特色化和多样化发展的要求。

四是多元录取。采取多种录取方式，除了正常的中考录取，还有特长生招生、综合素质评价招生等。

深化中考改革，很重要的一点就是要使教育的三个核心要素——学生、教师、学校——都指向实现高质量教育、五育融合的目标追求。

一是坚持学生中心。要把学生放在最前面。通过中考改革实现的预期主要包括三个方面：一是实现拔尖创新人才的涌现，这和国家的选才方向是一致的；二是让每一个学生都能找到适合自己的跑道；三是引导学生全面而有个性的发展。其中很重要的一点就是帮助学生缓解焦虑与压力大等问题，助力学生身心健康成长。

二是聚焦教师。通过考试内容、录取方式等变革，引导教师研究课程、研究课标、研究课堂，促进教师专业发展。具体来讲，包括以下几个方面：一是将新高考背景下学生素养和能力的提升作为落实五育融合的抓手，通过学科来体现对学生行为习惯的评价、素养的养成。二是将综合素质评价纳入中考，作为学生全面发展的抓手，通过日常管理予以加强。三是推进育人体系的变革，通过中考把小学、初中、高中三个学段一体化的育人成长串联起来。四是积极推进家校社协同育人。总之，通过招生考试制度的变革，让教师明晰自身的专业发展方向，聚焦学生核心素养和关键能力的培养，这是潍坊中考改革的一个预期。

三是引导学校。学校要实现哪些预期以匹配中考改革？一是内部评价体系的完善，一方面是对教师的，另一方面是对学生的。二是初中和高中的贯通培养。三是育人方式变革的逐渐深化，转变高中育人方式落实到学校层面，就是要发挥考试的引领作用，推动普通高中多样化发展。所以，潍坊推进中考改革的总体预期，在学生层面上是不焦虑，在教师层面上是不迷茫，在学校层面上是不功利。简要总结就是三句话：教师教得少，学生学得多；考试考得少，学生成绩好；基础不一样，都能有提高。从教师"满堂灌"、层层讲、不断讲、不断考试的传统育人机制转变成坚持学生导向，实现从教走向学。

基于以上预期，潍坊中考改革的内容主要聚焦五个方面。

一是优化考试科目。开齐开全开好国家课程，将全部科目纳入中考评价。区分考试科目和考查科目，其中考试科目11科，考查科目3科，更加突出体育、美育。

二是提升命题质量。中考改革的核心内容就是考试内容，所以命题质量很重要。潍坊中考命题主要突出几个特色：一是时代性。与新高考紧密吻合，体现党和国家的最新要求，全面贯彻党的教育方针。二是逻辑性。当今人才培养紧密贴合习近平总书记关于科技创新"四个面向"的要求，强化理工科导向，注重拔尖创新人才培养，注重考查学生的逻辑思维能力和理性思维能力。三是综合性。新高考突出跨学科，义务教育新课标要求推进跨学科主题学习，体现在考试上就是考试内容的综合性。四是人文性。每个学生的德育成效如何体现，很重要的一个载体就是人文素养。比如中华优秀传统文化的创造性转化和创新性发展，都是人文方面的体现。五是生活性。中考改革要结合新高考命题要求体现情境性，很重要的就是要在命题过程中体现生活性，即围绕学生的生活习惯和生活环境，提出一些与现实生活紧密结合的问题让学生去解决，注重考查学生的生活经验和社会实践能力，减少单纯记忆、机械训练内容，杜绝偏题、怪题。而且，在考试内容中专门增加了安全知识，将安全工作高于一切、先于一切、重于一切的理念体现在考试中，并在命题过程中兼顾城乡，促进公平，提升中考命题质量。

三是突出基础素养。潍坊中考突出语文、数学、英语三个基础学科，适当增加考试时间和内容，其次是物理、化学，再次是其他学科，既体现学科重要性，又与国家育人要求以及选才方向相匹配。

四是完善等级表达。潍坊中考语文、数学、英语三个基础学科成绩分为A+、A、B+、B、C+、C、D、E八个等级，其他学科为A、B、C、D、E五个等级。完善综合素质、体育与健康、信息科技的评价，把信息科技分为四个等级纳入中考。为顺应国家实施数字化、信息化的战略要求，对于信息科技学科表现特别优秀的学生，可以通过特长生招生的方式直接录取到高中学校。

五是优化评价方式。按照国家总体评价方案要求，一是改进结果评价，突出综合评价。初二地理、生物考试不理想的学生，初三可以再考一次，为其提供多次考试机会。二是考试内容体现综合素养，录取过程体现综合选才、综合评价导向。三是强化过程评价和增值评价，物理、化学、生物三个学科以及体育与健康、美育、劳动教育都采用过程性评价和终结性评价相结合的方式，而不是单靠初三毕业一次考试确定成绩。

潍坊中考录取分为综合录取、特长录取、职普融通三种方式。

一是综合录取。分三个录取组合，第一个组合是语文、数学、英语、体育与健康、综合素质评价，这一组合的一个鲜明特色就是纳入了体育与健康，和语文、数学、英语等值对待，更加突出学生身心健康；强化综合素质评价，把劳动教育作为综合素质评价的重要部分，将党和国家对于劳动教育的要求体现在中考当中。第二个组合是"6选4"，即给予高中学校充分的选择自主权，由高中学校自主从道德与法治、历史、地理、物理、化学、生物学六门学科中选择四门作为第二组合，比如有的学校强化人文学科，选择道德与法治、历史、地理等学科；有的学校强化理工学科，选择物理、化学、生物等学科；有的学校文理兼容，均衡选择学科。这样做一方面便于选才多元化，与普通高中多元化发展匹配，更加凸显不同学校优质师资、优质学科组合，实现普通高中特色化多样化发展；另一方面有利于减轻学生学业压力，真正让学生把想学的、喜欢的、有潜质的、感兴趣的学科学好。第三个组合是剩余的科目，作为底线要求，达到一定标准就可以录取。所以，综合录取是将第一组合加第二组合的成绩作为基础、将第三组合作为底线的录取方式。

二是特长录取。除综合录取的纸笔考试之外，潍坊还有10%的录取指标放给高中学校，由高中学校衔接高校强基计划和拔尖创新学生培养所要求的专业来自主命题、自主选才，招收在数学、物理、化学、生物、信息学和历史、哲学、古文字学等学科中素养较高、有突出才能和表现的学生，以及在科技创新、艺术、体育或其他方面有特殊才能的学生。

三是职普融通。潍坊有中职与本科"3+4"、高职与本科"3+2"贯通衔接人才培养试点，还有五年一贯制贯通培养和职教高考班等模式。学生进入中等职业学校后，也可以参加高考，解决了职业教育升学有"天花板"的问题。有的学生适合上普通高中，有的学生适合接受职业教育，为每一个学生提供了不同的选择。学生既可以进入中等职业学校接受"3+4""3+2"或者五年一贯制贯通培养，也可以参加职教高考班，符合条件的还可以转到普通高中学校就读，实现了职业教育和普通教育之间的融通。

从总体上讲，把普通高中的招生自主权下放给高中学校，高中学校就可以根据办学基础、师资情况等，自主确定录取标准，公开透明选拔学生，促进高中学校多样化、特色化和差异化发展。

中考改革作为一项综合性的教育变革，需要配套机制。潍坊中考改革文件以市政府名义印发，就是要强化组织领导、深化教学改革、健全保障机制，为中考改革落地提供坚强保障。同时，完善学校和教师评价制度、强化初高衔接培养、加大宣传引导力度、守住底线要求，确保中考改革程序公平、过程透明、平稳顺利。

在建设高质量教育体系的背景下，深化中考改革势在必行。只有深化中考改革，才能顺应新高考改革大势，契合国家选才方向，引领实现五育融合。同时，招生考试变革事关学生和家长的切身利益，要综合施策、精准实施，通过中考改革落地来实现改革预期。中考改革关键还要靠校长，靠教师，靠完善的激励机制、评价体系和治理体系来保障。潍坊一直坚持改革先行，始终把中考改革摆在第一位，就是因为中考改革对育人成效的综合考量，是综合体系下的变革。所以，中考改革需要系统发力，也需要不断深化和久久为功。

评价引领：推动高中育人方式深度变革

从实践层面看，推进普通高中育人方式转变面临诸多实实在在的困难和问题，需要综合施策、系统谋划、协同推动。潍坊市作为普通高中新课程新教材实施国家级示范区，聚焦评价创新和引领，全力助推育人方式转变，逐步破解一些制约普通高中健康发展的问题，不断优化普通高中办学生态，加快实现普通高中高质量发展。

一、构建区域教育总体评价模型

从市域、县域角度看，如果没有科学的教育理念和相应的评价体系，人们必然会过度关注高考、关注升学率、关注名校录取数，长此以往，普通高中就会产生聚光灯下的焦虑，教育教学工作只能沿着应试、升学的路径开展。因此，区域需要一个综合的、健全完善的评价体系来促进普通高中高质量发展。潍坊市制定了《新时代教育治理评价关键要素模型》，构建起区域教育治理评价、党政履行发展教育职责评价、学校立德树人评价、教师教书育人评价、学生评价五育并举评价为一体的评价体系，用总体性的评价机制解决过于聚焦高考升学率等问题。

二、开展党政年度教育履职评估

潍坊市以科学的评价体系和阳光公开的评估，把办好人民满意的教育的需求转化为党委、政府工作的动力，把为党育人、为国育才的要求转化为优先发展的实际行动，引导县（市、区）党委、政府两个"一把手"争当"教育书记、教育县长"，把党委、政府对教育的兴奋点放在关键要素上，将区域内的资源统筹用到教育发展上，比如用到学校建设、内部设施配套、教师队伍建设、人才引进等关键事项上。这也是潍坊给普通高中改革发展"松绑"的举措。具体而言，主要有三个方面的内容：一是制定《潍坊市县市区党委政府履行发展教育职责清单》，包括财政投入、学校建设、学位补充、教师引进、支持教育改革发展、安全稳定等底线要求；二是成立潍坊市教育督导委员会，落实党政同督同责，落实市直部门协同推进教育改革发展的要求；三是市委、市政府一年一度对县（市、区）实施千分制教育履职综合评估。这当中没有升学率指标，只涉及有关教育发展、教育改革以及安全稳定的事项。通过督导发力、履职跟进、督查问效、公开通报、述职评议、月度调度等机制，引导县（市、区）党委、政府两个"一把手"多为教育办实事、办好事，形成一种"互相比着干、互相比着为教育办实事"的良好氛围。重点督导督查教育发展、教育改革以及安全稳定等方面的内容，注重教育投入，改善办学条件，营造"轻负担、高质量"的良好生态。

三、开展普通高中 6A 评估认定

一所高中办得怎么样，必须有符合规律的专业评判体系来评价，由利益相关者，特别是学生、教师和同行专家来参与，既体现增值评价、过程评价，更需要综合评价。要特别警惕评价方式不当、评价体系不健全带来的问题，避免产生用评价办出"千校一面"、用评价干扰自主办学的错误倾向。潍坊通过开展普通高中 6A 评估认定，解决在对高中学校评价过程中出现的"唯升学、无体系、功利化"等问题。普通高中 6A 评估认定主要包括六个方面：一是办学理念，要落实立德树人根本任务，遵循教育规律；二是课程实施，要开齐开全开好国家课程，用好新教材，研读好新课标实施要求；三是教学改革，要提高教学效率和教学质量；四是育人质量，要实现德智体美劳五育融合；五是队伍建设，要建设高质量的教师队伍；六是资源保障，要解决学校设施、办学经费等教育资源保障问题，助力普通高中创新发展。

四、完善普通高中校长职级评定制度

一位好校长加一套好机制，就是一所好学校。特别是取消行政级别之后，高中校长的职级评什么、如何评、谁来评就显得至关重要，这也是校长职级制改革的核心所在。校长的成长是与学校全体教师、干部的成长结合在一起的，是与学校的办学水平结合在一起的。潍坊通过完善普通高中校长职级评定制度，解决校长评价"唯升学、唯帽子"等问题。对校长的职级评定有以下几方面：一是七项能力，包括从严治党、现代治理、团队建设、课程领导、资源整合、改革创新、自我发展；二是六个关系，包括党的建设与立德树人之间的关系、办学实绩与个人成长之间的关系、教师认可与社会满意之间的关系、办学理念与办学实践之间的关系、常规管理与创新求变之间的关系、原有基础与发展变化之间的关系；三是任职资历，包括任职年限、任期考核、专业技术职务、办学业绩等方面；四是基本条件，包括政治过硬、业绩突出、道德高尚、身心健康等方面；五是评定过程要符合规范办学的底线要求，引领高中校长致力于办学水平和治校育人能力提升。

五、推进教师"三定三聘三评"改革

提高教育质量，关键靠教师。普通高中要实现高质量发展，离不开行之有效的教师动力机制。如何保持高中教师在完成繁重的教学任务之余，能够有持续成长、读书反思、乐学爱教、优雅生活的内动力，是高中校长最应该考虑的核心问题。为此，潍坊制定了教师"三定三聘三评"改革制度，其中"三定"制度包括编制部门定编制总量，人社部门定岗位总量和绩效总量；"三聘"制度包括聘工作岗位、聘职称岗位、聘层级岗位；"三评"制度包括评师德素养、评业绩表现、评专业水平。同时，针对教师管理体制改革推出了四项制度。一是坚持师德师风第一标准，严格执行师德考核前置审核制度。二是推行双向聘任制度，由学校对教师进行工作岗位的聘任。聘任是对教师最直观的评价，要发挥好年级主任的作用，关注教研组长和班主任队伍。三是建立教师层级激励机制，设计了五个教师发展层级，由高到低分别为：导师型教师、专家型教师、骨干型教师、胜任型教师、新入职教师。通过给教师搭建成长阶梯，让教师在职称之外还有对专业技术能力的追求。四是深化绩效工资制度改革，扩大绩效工资增量，取消奖励性绩效工资和基础性绩效工资的比例设置。对普通高中实施超工作量激励，设立班级管理激励经费，做大绩效工资增显"蛋糕"，更好发挥其对教师的激励作用。

六、实施校长教师课程领导力评估制度

高中学校之间的差距，不是分数的差距，而是课程质量的差距。一所学校、一个区域，教育的先进性一定体现在课程上。普通高中应当遵循教育规律、丰富学生选择、贯通学段年级、融合各个学科、统筹校内外各方资源，为每位学生提供最适合的课程。为此，潍坊制定并实施了校长、教

师课程领导力评估制度，通过校长职级评定、学科领军人才评选、业务水平评价，来突出课程领导、课程研究和课程开发能力培养。

七、实施"教学评一致性"课堂诊断制度

提高教学质量都是在班级内实现的，课堂就是主战场。提高课堂质效涉及方方面面，如课程体系是否先进、教室文化是否动人、师生关系是否和谐、同伴关系是否友好、家校关系是否融洽等都会在课堂上体现，而最关键的是教师驾驭课堂的专业水准。潍坊制定实施了"教学评一致性"课堂诊断制度，包括全员育人导师制度、学情会商制度、师生关系评价制度、教研组长质量挂钩评价制度、学科教师协作制度、市政府教学成果奖制度、常态化线上展示评课制度等一系列制度，来提高课堂质效，提升教学效率。

八、深化中考招生评价改革

中考改革既体现选才导向，又对提高高中教学质量至关重要；既考虑素质教育需要，又与新高考改革导向紧密衔接。潍坊市人民政府办公室制定印发《潍坊市深化高中阶段学校考试招生制度改革实施方案》，通过深化中考招生评价改革，不断增加普通高中的自主选择权，解决学生压力大选择少、高中无特色等问题。如中考第一个组合增加了综合素质评价和体育与健康，共包括语文、数学、英语、综合素质评价、体育与健康五门学科；第二个组合包括物理、化学、生物、地理、历史、道德与法治六门学科，由普通高中自主选择四门作为第二组合。通过多种组合，一方面促进普通高中办学的多样化，如由普通高中自主选择理工科方向、文科方向、医科方向等；另一方面给学生更多选择权，让学生根据自身学习基础和兴

趣爱好来选择适合的高中，同时也落实"双减"政策，减轻学生负担。补短板不如强优势，给学生更多自主选择权，也是落实党的二十大报告"面向世界科技前沿、面向经济主战场、面向国家重大需求、面向人民生命健康"的人才培养导向。

九、不断优化作业设计管理评价机制

高中作业质量，事关晚自习安排，事关知识掌握的效率，事关教学工作的全局。各个学科之间如何统筹，是否既能补短板又能强优势，需要深入研究学情，需要精准设计、深度研究、效能评估，确保高中作业质量。为此，潍坊建立了基础性作业、创新性作业、个性化作业的机制，出台了作业设计十项原则、优秀作业十项标准、作业评改十条策略，推进作业优化，确保提质、减量、增效。

十、推动建立家校社一体化评价体系

新高考背景下的高中教育，家长如何参与、参与什么，如何助力、助力什么，如何服务、服务什么，既是老话题又是新课题，事关学生学习效率和学业成绩。师生关系、同伴关系重要，家校关系、亲子关系同样重要。潍坊通过开设普通高中家长课堂、建设普通高中家长学校、编制高中家长课程，解读新高考的改变、"双新"示范区的要求、学生健康成长的需要，加强家长与学校的沟通，提升协同育人能力，化解家长焦虑，引导他们成为理性家长。通过建设普通高中家长学校，将高中家长课程落实到位，确保高中家长课程有师资、有场所、有评价，建立家校社一体化的评价体系。

十一、开展区域教研能效和教研员能力评价

一个区域教研体系是否健全，教研能力是否突出，教研员队伍是否具有较高专业素养很重要。校本教研同样重要，校内教研机制怎么构建、教研活动怎么开展、如何激励和评价，事关教学质量，值得每位校长思考。对此，潍坊通过开展区域教研能效和教研员能力评价，解决队伍不专业、评价不及时、不到位、不丰富等问题。一是建立专兼职教研员制度，建立市级示范、县级包校、校本教研、专兼结合的教研新机制，健全教研员后备人才、公开遴选、任期聘任、考核评价等制度。二是建立联合教研制度，成立中心城区普通高中教研联盟，推进教研、培训一体化。三是设立学科教研基地，同时成立普通高中新课程新教材实施指导评价中心，设立初高中一体的学科教研基地，开展联合培养。

十二、常态化开展规范办学督导评估

规范办学是常态化工程，是管理底线、办学基础、育人规律，更是每一位高中校长的职业坚守。在新时代、新高考背景下，作为一名高中校长，既要有"不同桃李混芳尘"的追求，也要有"不畏浮云遮望眼"的格局，还要有"不要人夸好颜色"的境界，用心办好高中学校。为此，潍坊通过常态化规范办学督导评估，解决高中学校"抢跑"等不规范办学问题。一是制定督教视导制度，组建督教专家视导团，建立名师名校长义务服务和志愿服务机制，开展督教视导活动，引导高中学校直面问题、反思自省、改进提升，确保按照规律、规范办学。二是开展规范办学督查，常态化开展教材教辅、"五项管理"等规范办学专项督查，营造绿色健康学习氛围。三是建立"教育惠民一码通"，适应新形势下家长的需求，并建立市、县、校三级工作体系，对高中学生、家长的教育诉求及时回应、快

捷反应、快速处理，实现"码上问、马上办"，以群众的知情权、参与权、监督权来保障按规律办学、规范办学，将五育融合要求落到实处，促进普通高中学生全面健康成长。

第二十三讲 校园微改革：小切口撬动办学新动力

改革创新是推动教育发展的不竭动力。在新时代背景下，如何通过小视角切入来推动教育综合改革、激活办学新动力，需要现代教育治理理念和体系来保障。总体来讲，实施学校层面的"微改革"，是众筹改革智慧，调动各方积极性的有效举措，需要明确如下几个方面的问题。

一、坚定一项共识

教育改革应当始终坚持问题导向，用改革的办法解决发展中遇到的实际问题。潍坊市从 2001 年启动教育综合改革以来，各项改革一直在深化完善，破解了一项项教育改革发展中的难题。校长职级制改革，自 2004 年开始启动；中考改革，自 2006 年开始启动；教师职称制度改革，自 2009 年开始启动……。二十多年来，潍坊市持续实践探索，持之以恒推进改革落实，并且不断丰富完善，以改革创新推动教育发展。学校也要树立改革思维，从小视角切入，用微改革推动大发展。

二、明确两个路径

第一个路径是自下而上、自上而下。一直以来，潍坊的改革举措大多是以市为单位来推进的，无论是校长、教师队伍改革，还是课程课堂、教育教学改革等，都强调把潍坊作为一个区域来整体推进。在现代教育治理背景下，教育行政部门要琢磨、研究的一项工作是如何更好地实现自下而上，让更多来自基层的首创、来自基层的实践推动区域改革创新，既要对已有改革举措自上而下不断深化，更要为学校层面自下而上探索实践创造更多机遇。特别是那些来自学校、教师、学生和家长的小创意、微改革，很可能成为推动教育改革发展的关键。

第二个路径是由表及里、由里及表。首先，教育改革是由表及里的，要先找到面上存在的问题，再找到内在原因，从深层次来推动问题解决。其次，是找准改革的内在动因和现实需求，由内向外引发改革诉求，激发改革内动力。

三、推进三项举措

一是发现创新点。社会的发展日新月异，学校、学生和教师每天也都在发生新的变化。这就需要我们不断创新，用新的理念、新的课堂、新的机制来应对他们的变化。创新是改革发展的源泉和不竭动力，任何一项改革都源自创新。一个有心的校长一定是一个善于创新求变的校长，如果他能够不断发现并寻找到学校管理、教育教学各方面的创新点并付诸实践，那么在他的眼里将到处是改革、是机遇、是发展。

二是培育增长点。从教育的角度来讲，改革的关键有三点：管理体制、运行机制、日常制度。管理体制是政校关系问题，也就是党委、政府同教育的关系问题。潍坊二十多年的教育改革，主要围绕三个方面来做文章：坚定不移地扩大学校办学自主权，坚定不移地扩大学生的选择权，坚定不移地扩大社会和家长对教育的参与权。学校内部的运行机制，涉及校长、副校长、中层干部、教师等角色分工，也就是谁来决策、怎么决策、怎监督、怎么评价的问题。日常制度则是推动改革举措落地的关键保障。这些问题都蕴含着很多改革机遇。

三是找准着力点。教育改革的着力点就是化解焦虑、解决问题，在解决问题的过程中找准突破点，从而建立长效机制。要立足学校实际通过微改革，一校一策解决制约学校发展的关键问题；从师生成长需求出发，解决他们最迫切的诉求和期盼。在此基础上，由点及面推进教育改革发展。

四、健全四个抓手

一要有队伍。要让有动力、有情怀、有办法的人来设计改革，发现改革动因。校长是关键，学校层面的管理团队是不可缺少的重要力量。应当倡导树立教育改革专业化思维，大力加强教育改革队伍建设，从教育行政部门到学校，均组建起改革专班和专家团队，研究推进教育综合改革取得实效。

二要有机制。制定鼓励或者支持教育改革的制度，教育行政部门会同相关部门制定推进改革的指导意见，明确改革方向，形成改革合力；学校层面结合实际，让教师、学生和家长等利益相关者广泛参与，制定推进改革的具体方案，上下联动，齐心协力，确保有系统、有机制来保障校园微改革项目落地见效。

三要有阵地。教育改革要有阵地来强化改革的研究，可以通过开设改革大讲堂、推动校园微改革项目立项等方式，努力营造深化教育改革的浓厚氛围。

四要有评价。要建立完善推进改革落实的督导评价机制，通过调度督查，确保校园微改革项目推进落实。还可以通过探索实施一系列激励举措，比如评选推介优秀微改革项目、列入政府成果奖等评价激励方式，引领改革落地。

五、突出五个重点

一是校园"微改革"。近年来，潍坊市各级部门围绕评价改革、教育教学改革、教师队伍改革等各个方面密集出台了多个文件，对基层来说，如何贴近学校实际来落实这些文件，需要学校层面深入具体研究，研究的重点是学段之间的衔接贯通、学科之间的融合，这也是校园微改革的核心。

二是评价改革。评价改革是教育改革的"牛鼻子"，需要构建一套科学的评价模型来引领和支撑。中共中央、国务院《深化新时代教育评价改革总体方案》围绕党委和政府教育工作评价、学校评价、教师评价、学生评价、用人评价五个方面提出了明确要求。对教育行政部门来说，很重要的就是要转变对学校和教师的评价模式，此外也要关注如何通过评价引领家长，共同营造家校社协同育人的良好氛围。

三是动力集成机制改革。党的二十大报告提出建设教育强国的战略目标。加快教育现代化，实现教育强国建设目标是一项系统工程，需要一套动力集成机制来保障，让教育治理提升效力，让学校发展更具活力，让师生成长自带动力。

四是品牌创建。打造教育品牌要符合教育规律并持续推进，且具有时代性。潍坊教育始终坚持立德树人不动摇、遵循规律不折腾、改革创新不懈怠，已经成为在全国有影响力的靓丽名片。下一步，需要继续紧跟教育改革发展的新形势新要求，不断深化，久久为功。

五是试点争创、典型推介。任何一项试点都不是等来的，而是争取来的。要有创先争优的意识，积极向上级部门争取改革试点项目，赢得工作主动权。要主动宣传推进改革的经验做法，加大典型推介力度，扩大影响力，增强示范引领作用。

六、关于校园微改革项目

一是目标要明。立项的校园微改革项目至少有三个目标：第一个是要有助于提高教学质量。项目要对学校高质量发展和提高学生素质能力发挥作用和价值。第二个是要服务师生。项目对师生的便捷、对师生的发展要有实际作用。第三个是要服务自身的成长和发展。要坚定先人后事，通过项目实施涌现出一批理论成果、一批名师、一批优秀干部。

二是切口要小。校园微改革项目包括四个关键词：一是"校园"，就是立足学校实际；二是"微"，就是小切口，从一个小的视角来切入，实现由点及面；三是改革，就是要有结构上的变化；四是项目，就是要通过组建项目团队来推进实施。

三是方式要活。推动学校转型需要采用更加灵活的治理方式。要抛弃控制思维、设计思维，多从孩子们的角度来看问题。微改革项目建议从师生层面进行征集，从教师感觉别扭、学生感觉不舒服的问题入手，进行系统梳理，然后再决定开展哪些项目。项目的机制要活，项目的来源要活，项目的实施也要活。比如，关于青年教师发展，现在网络这么发达，有足够丰富的资源可以为教师成长服务，要充分利用多元化的项目方式，坚持"谁水平高，谁干项目组长"。项目的展示方式、评价方式也要活。方式活的学校，才是生动的学校。

四是效果要实。校园微改革项目不要给别人添麻烦，不要强人所难。一是要想清楚这些项目到底有没有用，不一定非要涵盖学校所有方面。二是要想一想这些项目真正取得了什么成果，虽然是微改革，但是要有明显的成效，要有务实管用的成效，还要有高质量的成效。三是项目实施要充分发挥团队作用，打破科室、部门间的界限，站位要更高一些，方式更活一些，资源更多一些。

七、以"深度学习为导向的课堂"为例证

从教学实践层面，如何捕捉"微改革"项目？如何具体推进实施？笔者的答案是，"一具体就深入，一深入就有收获，一有收获就反思，一反思就产生了好的项目"。比如，现在大家都在研究课堂学习的效率问题，从这个问题出发，我们要明确，每位学生的知识基础迥异，学习的知识类别不同，课堂设计如果不充分考虑学习深度，就很难在有限的课堂教学时间内达成预期目标。那么，指向深度学习的课堂设计有哪些可行策略呢？作为一项校园微改革项目，如何来研究和推动呢？笔者通过长时间的课堂观察，梳理了如下二十条策略。

1. **让学生自主制定课堂规范。**学生的自主和自发是深度学习的前提。应基于每门学科的特点，每节课前让学生制定简要的课堂规范，包括如何跟踪教师思路、如何融入小组讨论、如何深入思考等，并列出具体的落实计划，课后进行自评和他评。

2. **更多使用身边的现实案例。**设置真实情境，就要选取那些学生有体验、能感知的具体场景。比如，用所在城市、村居发生的大事小情来导入教学、引发思考。还有，融入具有普遍性的家庭场景，使用同时段其他学科的材料等，都很容易拉近学生的认知距离。

3. **给教学任务设置明确的时限。**提前告诉学生课堂上每项教学任务的时间要求，并不断提醒。强化学生的时间意识，引导师生更加关注思维效率。

4. **请学生动手写下具体问题清单。**随口表达总是轻易的，也是粗浅的。可以让学生将脑海中生成的问题以清单的方式——写出来，这样对问题思考就能更深入一层。有时在观课中会发现，有的学生会将一个问题写下来后又涂掉。问起原因来，学生回答说，本来认为是问题，但写出来就会发现，这其实不是个真正的问题。

5. **有价值的问题追问三次。**对于那些有深度、学生感兴趣的问题，可以层层递进追问三次。比如，教师问学生是否同意有关看法，如果学生回答"同意"，可再问具体理由。回答完具体理由后，可就其中一条理由让学生再次做出解释。这样生成的结论，往往印象更加深刻。

6. **用最精准的表达来回应。**深度学习必然要留给学生更多的时间。所以，教师的讲授、表达或者回应，都必须极其精准、简短、有力，并能引发学生更多的思考。如果教师用话语权掌控了整个课堂，那离深度学习就会越来越远。

7. **按照学习目标来确定学习小组。**通常情况下，一个班级的学习小组常常是固定不变的。但学科不同，学生们的学习基础不一，兴趣点也不同。因此，需要及时按照具体的学习目标来不断调换学习小组。这是引发深度学习的必要途径。

8. **强调并引入适度竞争。**竞争会促进效率提升，但在课堂教学中，应注意适度竞争。因为一节课时间有限，讲求过度竞争，必然会影响学生们的心情，而心情的调适或者平复又需要时间。统算起来，强调过度竞争并不高明，而引入适度竞争是一条可行的策略。

9. **始终关注课堂各项细节。**有心的教师更加关注细节。驾驭一节课堂非常不容易，教师要善于发现每个学生内心的波动。哪怕一个眼神，都可以传递给学生关爱。感受到了这种关爱和支持，学生自然就会进入更有动力、更加舒服的学习状态。

10. **给学生创设更多指导别人的机会。**根据学习金字塔理论，"教授别人、讲给别人听"是最好的深度学习方式。尽管课堂时间有限，也要让学生有更多的机会做一个讲授者、分享者，让他们通过指导别人，习得更有深度的知识，也变得更自信从容。

11. **讲给两个以上的同伴听。**每个学生的基础不一样、性格不一样，不可能用同一种方式去讲授。让学生学会用两种以上方式去讲给不同的同伴听，知识肯定能够记忆或者掌握得更加牢固，合作能力也会得到有效培养。

12. **说出前三个优先项。** 指向深度学习的课堂必然讲求开放性和探讨式。学生在思考、总结或者发问时，可以让他们列出最优的三个选项而不是单一的选择。这种鼓励多元化并注重分清轻重缓急的思考方式，必然是有深度的。

13. **预设好知识的迁移点。** 一节课虽短，但从讲求深度和高效的角度看，可以引发学生已有知识和未知领域碰撞融合的迁移点越多就越有价值。教师在课前就要预设足够的、有价值的、个性化的知识迁移点，以备在课堂上更好地引导学生。

14. **创建单元知识的"学习菜谱"。** 单元知识需要及时复习，在复习过程中让每个学生列出单元知识的"菜谱"，并标明哪些是"主菜"，哪些是"配菜"。把"菜谱"想明白了、列清楚了，该单元知识点也就牢记于心。

15. **限制书写或表达的字数。** 在课堂上，学生写或说并不是越多越好。限制他们的表达字数，更容易强化"大概念"思维。无论是口头表达还是书面表达，要求学生使用有限的字数，其总结概括能力就会有提升。

16. **让每位学生认清优势和弱点。** 引导学生思考并剖析自身本就是一项有深度的行为。在本学科、本节课上，哪些是自己的强项，哪些又是短板，学生们只要分析透彻了、分析准了，学习自然就有了深度。

17. **巧妙设置分歧点并预设处置办法。** 恰当的争论能够引发深度思考和广泛参与。教师在课前应设计适当的讨论分歧点，让学生通过争论来点燃学习和思考的热情。当然，也要提前想好并能随时提供处置办法，这样就不至于出现课堂难以掌控的情形。

18. **尝试让学生来命制测试题目。** 教师放开手，学生才会独立行走。可以尝试让学生自己命制试题，来考考同伴，甚至考考教师。如果能够命制出高质量的测试题目，那么说明他们对知识的理解就已经很深刻、很系统了。

19. **让失败变得更有意义。**无论教师还是学生，在课堂上都会经历回答错误、思维断档等"失败"情形，甚至一节课经历多次。我们没有必要回避这种失败，而应仔细分析课堂哪些环节是失败的，并尽快加以调适。另外，这些所谓"失败"的经历，往往更具反思价值。

20. **建立基于个体的课后追踪制度。**下课铃响不代表课堂教学的结束。无论学生带着收获还是疑问，教师在课后都要多渠道跟踪，而不是等到一段时间后通过考试、测验等方式来检验。毕竟，考试、测验只能评价其中极少一部分知识。深度学习的课堂需要更长的空间环和时间链。

从以上二十条中找出一个最感兴趣的点来组建团队、深入研究，并加以系统化改进，指向深度学习的"小创新"就会涌现出来，指向学校中心任务的校园"微改革"项目也就找到了。

第四章

高效治理推动
高质量发展

教育高质量发展，离不开现代教育治理体系的支撑。基础教育，城市教育、乡村教育，以及教育数字化的高质量发展，都需要强化治理思维，坚定目标导向。这些都离不开现代教育治理体系和治理能力做保障。

第二十四讲 基础教育：治理视角下的新定位与着力点

基础教育既是建设教育强国的基点，又事关千百万家庭的切身利益。办好高质量基础教育，意义深远，责任重大。地级市是统筹抓好区域基础教育工作的基本管理单元。做好新时代的基础教育工作需要每一位教育工作者深入思考、系统研究。从治理视角来看，应当把握好以下四个方面的问题。

一、找准工作定位

基础教育是教育系统改革创新的前沿阵地，备受关注。因此，至少有以下三个方面定位。

1. **厚植优势**。市县基层教育行政部门的主要工作都是以基础教育为主来谋划。这些年来，我们基础教育工作取得了很多亮点，有许多先进的改革经验在全国推广，承担着教育部多项改革试点。各县（市、区）基础教育工作亮点纷呈，有教育部试点、省级实验区、市级实验区，涵盖不同领域。今后如何将这些优势塑造得更全面、更深入、更具引领性，需要每一位基础教育工作者来认真思考。

2. **推陈出新**。自 2001 年以来，潍坊市基础教育领域推行了多项教育改革项目，做了大量工作。但二十多年过去了，时代变化很大，家长对孩子的期待变化很大，国家选才育才的要求变化很大。如何把原有的改革项目升级？如何推出一些新的改革项目？如何引导学校和校长、教师继续走好改革之路？这需要深入研究。现在来看，需要回过头来认真梳理，原有的改革形成的经验哪些可以继续传承，新形势下可以创造哪些新优势。要鼓励所有的学校都积极改革创新。基础教育高质量发展最直观的表现，就是形成"百花齐放"、丰富多彩的局面。

3. 示范引领。要常想两个方面的问题，一是示范什么，二是如何来引领。潍坊各县（市、区）在过去都有很多好的经验做法，比如，潍城区推进城乡共同体、强化艺体教育等，特别是潍城区的艺体教育在全省甚至全国都是典型。原来已有的典型经验，如何继续发挥示范作用，如何能够引领全市、引领全省？说到底，还是要出亮点、出品牌。基础教育工作头绪很多，事务繁杂。要聚焦"出亮点""出品牌"，重点抓好几件事，不要贪多求全。要瞄准"高"和"新"，按照"想透、说清、做实"的要求，找准工作定位，推动工作落实，继续当好基础教育改革创新的排头兵。

二、重点做好四项服务

从基层教育管理岗位和学校角度出发，基础教育可重点围绕以下四个方面来开展工作。

1. 服务高中多样化发展。发展基础教育最根本的目的，是给每个孩子提供最适合的教育。要基于这一目的，强化制度供给。那么，最适合的教育是什么？既要遵循教育规律和人的成长规律，又要与党的教育方针、国家选才方向相一致、相协同。强化高中多样化发展的研究和探索，应当是基础教育领域的一项重要工作。围绕这一主题，可以开展多项工作，重点是做好两个方面：一是深化关于推进高中学校多样化发展的认识。党的二十大报告提出"坚持高中阶段学校多样化发展"，落到具体的推进措施上，就是要找准每所高中学校的定位、发展方向、办学特色和亮点。要和新中考改革结合起来，研究着力突破的优势组合是什么。在建设新工科、新农科、新医科、新文科的背景下，高中学校的努力方向是什么？比较理想的状态是，让每个孩子都能找到适合自己的学校，都有适合自己的发展方向。推进高中阶段学校多样化发展，涉及人民群众的认知、社会的期待、孩子成长的选择、国家选才要求与实际的结合等很多方面的问题，是当前基础教育工作的重中之重。二是推进普通高中学科基地的建设。学校多样化、特色化，最终要体现在学科上。推进普通高中学科基地建设，要与特长招生政策相结合，找准学校的优势学科以及在拔尖创新人才培养中发挥的作用，选出优势组合来。潍坊作为一个地级市，在完善中考改革和学科基地协同上，多方征求区域内各县（市、区）教育行政部门、高中校长、教师和家长的意见。关于如何用好学科基地，则要在三个方面积极探索推动：一是要打造高中学校的亮点和增长点；二是要服务于学生成长；三是要推进新中考改革以及初高衔接落地。这是当前需要群策群力研究推进的一项重大课题。

2. **服务新课程改革。**潍坊作为普通高中新课程新教材实施国家级示范区，需要不断深入研究落地举措。结合教育部发布的《义务教育课程方案和课程标准（2022年版）》，如何在高中学校和义务教育学校推动新一轮课程改革，潍坊市需要从制度机制上进行优化设计，突出两个方面的工作：一方面，建立健全九年一贯育人体系；另一方面，探索推动跨学科协同融合育人。跨学科育人的背后是教师队伍管理的问题，抓实新课标落地，需要从教师管理机制改革、育人机制改革上突破。面对综合素质评价的问题，潍坊作为综合素质评价的探索者和开创者，有什么新做法、新亮点就是要将综合素质评价与新课标落地相结合，在修订评价办法的过程中，把新课标素养导向等内容充分体现出来。

3. **服务有温度的教育。**老百姓对提高教育的满意度、办有温度的教育的感受，很大程度上来自基础教育的质量以及基础教育对老百姓需求的回应。办有温度的教育，要让老百姓切实感受到变化，能听到变化、看到变化。要认真研究、梳理基础教育工作中的惠民事项，如"多孩同校就读""零跑腿""零证明"等，制定清单，公开发布。要突出四个方面的工作：一是乡村教育振兴。通过改革乡村学校管理体制，调动乡村教师积极性，提升乡村教育质量。二是"五清三提"。推动教室、办公场所、宿舍、食堂、厕所的卫生清理，促进校园绿化提质、美化提效、文化提升。教师办公室、学生教室、校园环境的样貌，直观体现了一所学校的"温度"。三是课后服务。面对老百姓对课后服务的更高期待、更高要求，需要提升课程品质，优化服务水平。四是特殊教育。对特殊教育的态度，体现了一个区域和该区域教育工作者的情怀。

4. 服务人的成长。一是服务业务团队。包括学校领导、相关干部。二是服务班主任。班主任是一个区域教育发展的重要支撑，提高教育满意度、做好家校沟通都需要班主任来落实。如何服务班主任？如何提升素养？如何调动积极性？这些问题都需要深入研究。三是服务青年教师。基础教育涉及共青团工作，需要联系青年。如何联系青年？如何发挥青年教师的作用？这些问题都值得思考。四是服务学生。从教育行政部门来讲，一是搭建平台，二是创新机制。比如，推进全环境育人，要从组织结构上进行调整，学校内设机构、人员配备等，都要和全环境育人匹配起来，真正实现治理体系的变革。此外，还要从两个层面来思考分析，一是构建家校社网协同机制"平面"推进，二是围绕全员全程全方位全要素"立体"推进。

三、培养五个思维

1. 公平与效率。基础教育涉及千家万户，是体现基本公共服务均等化的重要载体。如何公平对待每一位学生，构建导向公平的模式与创新？比如，初中学校与高中学校的衔接模式，可以分为三个层次：第一层是集团化，第二层是共同体，第三层是联盟制。具体如何选择，要基于学校的情况来探索，真正实现贯通育人、导向公平。

2. 规范与创新。抓好基础教育工作，规范办学是底线。比如，规范民办义务教育发展工作的走向，就是要强化公办学校的优势主导地位。要在规范的基础上创新，提升公办学校育人质量，优化公民办义务教育结构，实现义务教育优质均衡发展。

3. 理念与实践。理念与实践相分离，是当前基础教育面临的重要问题。怎么把办学理念转化成办学实践？一是要有机结合起来，二是要深度融合起来。理念转型在前，落实到底在后。结合新时代的教育要求，现在很多学校的育人理念亟须更新，育人实践亟待变革。

4. 未来与当下。要想做好基础教育工作，就要跳出基础教育看基础教育。到2035年，当下培养的孩子将成长为社会的中坚力量。十几年、二十年后，社会需要什么样的人才这一点教育工作者要想明白。想清楚未来、研究透当下，是基础教育战线的重要任务。市、县、校三级都应该研究分析，当前的基础是什么，优势是什么，短板是什么，未来发展的对策是什么。

5. 个别与全面。从学生层面来看，如何提供个别化的教育，如何提供全面成长的支撑？从学校层面来看，哪些是个性化评价指标，哪些是规范性要求？一是市、县、校一体化，是一种思路。比如，品牌的推介、试点的争创、资源的争取、事项的对接，市、县、校一体，及时沟通、协同推进。对市级提出的导向，如九年一贯、初高衔接等，特别是新中考改革，各县（市、区）要结合各自实际抓好落实。二是市区一体化，是一项纪律。比如，义务教育学位供给测算、招生公告发布、录取政策、时间节点要求等要保持高度一致，避免引发家长的焦虑。三是基础教育战线一体化，是该有的思维。市、县两级要加强沟通、协调、服务。

四、研究六个转化

1. **国家意志转化为生动局面**。基础教育培养什么样的人？党的教育方针怎么在基础教育战线转化出来、展示出来、呈现出来？党的二十大报告中提出的数字化战略、家校社共育、规范民办义务教育发展等方面要求该如何落实？这些问题都需要深入研究，同时要抓好贯彻落实。比如，关于职普融通，基础教育领域该如何主动与职业教育领域对接？再比如，关于县级高中提升，该如何提升育人质量、如何与高中多样化结合起来？要研究国家教育方针、国家选才育人方向，推动二者与区域的基础教育发展局面结合起来。

2. **党政要求转化为教育需求**。市、县两级党委、政府对教育关注的事项，如何与基础教育的内在需求相一致？每年的惠民实事应该如何体现在学生身上，体现在学校发展变化中，从而转化成教育的满意度？潍坊市临朐县作为一个财政薄弱县，在破解学生午餐午休问题时，将其转化成党政需求，争取到了财政投入，也将解决方案转化为了现实。如何把老百姓的需求和孩子的需求反映出来，转化成为党委、政府关注的内容，是教育行政部门工作的重点。

3. **外地经验转化为自身实践**。教育需要不断寻找制高点，基础教育的制高点在哪里？一是要学习先进国家的经验。关注欧洲、美国、新加坡、以色列等先进国家的教育，培养有国际视野的学生。二是要学习国内先进地区的经验。研究江苏、浙江、上海等地区教育新变化，比如黄埔区、徐汇区、虹口区的工作要点，及时搜索学习，把外地区域教育发展的经验和学校层面的创新、学生育人的创新等，转化成本地区、学校自己的经验，取长补短。

4. **督查调度转化为任务驱动**。对教育采取考核、评价、调度等硬性的手段，往往会把工作抓"硬"。教育行政部门的想法在学校层面得到落实，需要任务驱动、项目化推进。比如，实施校园"微改革"，从小切口入手，通过课题引领、项目申报等方式，确保真正有用、取得实效。

5. **日常事项转化为创新案例。**基础教育工作头绪很多，日常事项该如何出亮点？比如，学籍管理是一项日常工作。2022 年潍坊市首创建立了学籍管理"首席咨询师"团队，一学校一电话，公示在网上，对于家长的咨询一次性直接告知，受到家长一致好评。如何将类似这样的日常事项转化成创新案例？一是要梳理增长点，二是要找准切入点。一项流程化的工作，找到了切入点便找到了创新点，就可以转化成一个创新项目。

6. **工作落实转化为自我发展。**教育是专业化的事业。基础教育工作者要努力提升团队和自身的专业水平，要把自身对基础教育的把握、领悟，对学校的指导、引导，对团队的支持、帮助，都转化为成长的机会。做基础教育工作，要有情怀、有动力，真正解决老百姓关心的事、真正服务每个孩子的成长、真正贴近每所学校的实际，这也是基础教育的优势所在。

基础教育是建设教育强国的基点，也是办好人民满意教育的重点。在现代教育治理的框架下，基础教育必须以新理念为引领，以改革创新为动力，以回应师生和家长期待为切入点，通过系统化改进，不断提高教育质量。

市区教育：实现内涵精致的路径探析

从教育管理工作实践来看，社会公众往往会更加关注一个区域的城区教育、市区教育。如何办好内涵精致、质量高的市区教育？近些年来，潍坊市围绕满足各方需要、明确"一个目标"、实施"七项工程"、健全"五项机制"等方面开展实践探索，为办好高质量市区教育提供了一种视角、一种可能、一种路径。

一、满足各方需要

一是满足教育融入党委、政府发展大局的需要。深入研判党委、政府对市区教育的定位，结合市区群众的需求，找出突破的路径。在经济社会发展的大局中，中心市区教育要努力与城市发展定位相匹配，坚持把推进高质量发展放在第一位，用高品质教育助力中心市区发展。

二是满足加快推进教育现代化的需要。对标2035年基本实现教育现代化的目标，市区教育各项指标是否达标，办学条件、经费投入、教师队伍、教学质量、学校建设、内部治理等问题是否解决，都需要中心市区给出答案。相较于县域教育，市区教育在资源、条件、区位上，特别是在生源质量上，具有明显优势。推进教育现代化，除了资源、条件支持外，关键是要有质量保障，要突出中心市区优势，推进市区基础教育高质量发展。

　　三是满足提高教育工作满意度的需要。 从省委省政府对县（市、区）的满意度评价，以及市级对县（市、区）的评价来看，"县里高区里低"现象明显，潍坊4个市区满意度均低于县里。有些人认为，出现这个结果，主要是因为市区居民对教育要求高、期待多，期望值更高导致的。提升市区教育工作满意度，关键要在教育质量上做文章。要旗帜鲜明地提升市区教育质量，坚持市区一体、协同推进，提出"一区一策""不患寡而患不均"等方案，推动市区教育工作满意度整体提升。

二、明确"一个目标"

　　坚持以"学校精致、师生精神、育人精准、管理精进"为目标，推进市区基础教育高质量发展，营造教育良好生态。一是学校要精致。中心市区学校代表了市区的教育形象，甚至代表了区域的教育形象，要呈现精致的面貌，杜绝"脏乱差"状态出现。二是师生要精神。从当前学生状态来看，幼儿园学生最活泼，高中学生最"机械"。如何在确保教育质量的前提下，提振学生精气神，降低近视率，提升体质达标率，这是中心市区家长普遍关心的问题。三是育人要精准。学校围绕"提供适合每个孩子的教育""促进每一位学生健康成长"的育人目标，组织开展各类活动，聚焦育人、发挥作用、面向全员，凸显办学特色。四是管理要精进。很多学校建立了系列制度规范，编印成册，却只摆在会议室，教师、学生全然不知，形同虚设。推进学校管理效能提升，建立真正行之有效的制度机制才是关键。

三、实施"七项工程"

一是实施治校育人能力提升工程。主要突出两个群体，一个群体是班主任队伍。班主任在学校育人工作中担任重要角色，承担了家校沟通交流、学生健康成长、生涯规划指导等任务。如何将班主任的付出和获得的待遇相匹配，将班主任的素质能力和承担的职责相匹配，需要建立一套完善的班主任成长动力机制，推动班主任育人能力水平提升。另一个群体是青年教师队伍。现在很多学校都成立了青年教师成长学院，但是多数都只停留在出题目、喊口号阶段，没有建立起完善的课程体系，也没有真正坚持不懈地推动下去。当前各区教师引进力度不断加大，很多年轻教师对学校还不熟悉，就被安排担任班主任工作，育人指导效果可想而知。推进市区教育质量提升，需要重点加强青年教师队伍建设，健全青年教师关爱、成长、培训机制，特别是抓好青年教师育人能力的提升。

二是实施校园"五清三提"工程。校容校貌不干净，学生很难精神，学校也很难办好。潍坊市自 2022 年起，在全市中小学校推行教室、办公场所、宿舍、食堂、厕所卫生清理，校园绿化提质、美化提效、文化提升"五清三提"工程，改善校容校貌，优化校园环境。提升市区学校办学品质，首先要从改善厕所卫生入手，重点解决好教学楼厕所清理不到位、异味大等问题，为学生提供一个干净、整洁、舒适的学习环境。

三是实施学生日常学习规范工程。规范是创新的基础和前提。首先是学习行为规范。中心市区学校家长素质高、能力强，对孩子的学习行为规范要求也相对较高。写好钢笔字、讲好普通话，包括培养学生阅读能力和阅读趣味，越来越成为家长关注的重点。其次是考试规范。考试时间、考试内容、考试方式等，教育部、省教育厅都有明确要求。一、二年级如何统考？三、四年级该考什么？初高中贯通衔接下政治、历史等学科又该考什么？这些问题都需要建立制度机制来规范。最后是作业规范。学生作业量大低效，校内无法完成，回家家长陪练，有的学校甚至直接给家长布置作业，引发家长抱怨不满，亟须得到有效解决。

四是实施师生身心健康关爱工程。一方面，要提升市区教师幸福感。通过实施教师关爱计划，开展教师关爱行动，引导教师增强自我调适能力，加强体育锻炼，舒缓心理压力，保持积极乐观的心态，阳光、豁达、开朗地面对工作和生活。另一方面，要加强市区体育强校建设，覆盖幼儿园、小学、初中、高中全学段。加强体育锻炼与提高学习成绩并不矛盾。推进市区教育高质量发展，校长要树立体育强校的理念，努力增加体育课时，优化课程课堂设计，落实好教育部、省教育厅"一天一节体育课"的要求。

五是实施课程课堂效能改进工程。课程课堂效能提升是推动"双减"落实的根本途径。市区基础教育高质量发展要从课程课堂入手，基于常态课堂共性因素，构建高效课堂模型，提供给教师学习、借鉴，引导教师改进教学方式方法，科学实施课堂评价，提升课堂教学效率。

六是实施高初小幼育人衔接工程。通过建立四学段有效衔接的育人机制，及早发掘拔尖创新人才，找准路子，因材施教，是保障区域教育在新一轮高质量发展中走在前列的关键。一方面，要开发好衔接课程，为学习"吃不饱"的孩子提供更加"丰盛"的课程、师资、支撑，实现差异化的公平。高初小幼衔接课程开发，责任在上一级学校。以中考、特长招生为例，新中考改革和新高考改革选人、命题、导向非常一致，市区高中要加大衔接课程开发力度，多与市区初中学校交流沟通，深入研究，占得先机。另一方面，要推动市区教研一体，建立系列激励机制，建设高初小幼一体的学科基地，推动四学段有效衔接贯通。加强直属高中教师与各市区初中教师间的沟通交流，引导高中学校教师积极参与到中小学课后服务中，关注拔尖创新学生需求，实施精准化课后服务指导，帮助初中学校培养选拔具有特殊才能的学生。

七是实施教育惠民服务区建设工程。一方面，建立实体教育惠民服务区。从当前就近入学划片招生来看，出现问题引发家长不满时，都是市、县两级教育行政部门来承担责任。当年经济发展落后时期，国家提出教育"以县为主"，主要目的是发挥县域力量，保障教师的工资水平和基本的办学条件，现在已基本不存在这样的问题。通过建立教育惠民服务区，将教育延伸到每一个居民区，推动教育、民政、社区划出网格、共同参与，助力教育发展。另一方面，创建线上"教育惠民一码通"，让每一名市民对教育有疑问、有意见时，通过扫码来实时反馈，减少市长热线、领导批示等转达环节，更方便、快捷、高效地了解市民对教育的意见建议。中心市区更要发挥好信息化优势，依托信息化手段，用好"教育惠民一码通"，提高群众对市区基础教育的满意度。

四、健全"五项机制"

一是建立校长负责机制。提升市区基础教育高质量发展关键看校长。要列出校长在提升基础教育高质量发展中的任务清单，明确在完成指定任务时需做好的具体工作、达成的目标，发挥好校长的"关键少数"作用。

二是建立"一校一案"推进机制。推进市区基础教育高质量发展，没有标准化模式，需要学校结合自身实际，一校一方案，明确具体任务。每所学校争取利用一年时间，为学生、教师、家长真正做好一至两件有意义的事情。

三是建立一套评价激励机制。组织市区学校交流展示活动，并抽取部分校长做报告分享，打分评价、排出名次，激励各市区学校积极参与，形成生动局面。加大市区激励力度，探索建立市区教学成果奖，评价激励、表扬树先等单独列出，成果、课题、表扬等配套推进，激发市区学校、教师活力。

　　四是建立具体问题解决机制。推进市区基础教育高质量发展，重点在于解决一个个具体问题，不做大题目、大概念、大口号。比如，为解决家长"微信群"杂乱多的问题，潍坊广文中学一个班级只保留两个微信群，一个是教师通知群，家长不需回复，另一个是家长交流讨论群，让家长清晰明了地抓住重点。

　　五是建立"一校一品牌"创建机制。"名气"就是品牌，一所学校办学质量高低、老百姓满意与否，与学校名气关系很大。原来潍坊市中心市区基础教育颇有名气，比如城乡教育共同体发源于潍城区，在全国具有影响力，《中国教育报》曾专门报道；再比如，奎文区曾被山东省政府确定为教育优质均衡发展示范区。处于教育现代化征程中，中心市区要想走在潍坊前列，当好教育高质量发展的排头兵，关键要做到"提质量、创品牌、守底线"，形成"一校一品牌"的生动局面。

第二十六讲 乡村教育：基于问题解决的有效振兴

推动乡村教育振兴，不仅事关育人质量，而且事关乡村是否后继有人、年轻人能否留在乡村、乡村文化能否赓续、乡村产业能否振兴等方面，是市域、县域高质量发展的一项基础性工作。山东省是全国唯一的乡村教育振兴先行区，潍坊市则是全省唯一的示范市。在推进乡村教育振兴的进程中，潍坊市基于问题解决，通过制度创新，积极发挥引领作用，蹚路子、建机制、出样板，努力给出乡村教育振兴的"潍坊答案"。

一、乡村教育振兴处在新起点

近年来，借助省级乡村教育振兴全环境育人实验区创建，潍坊市坚持先行先试、大胆实验，从办学机制、人事制度、教学管理、评价机制四个方面突破，努力蹚出乡村教育振兴实践的新路径，有关做法多次受到推介推广。

（一）以办学机制改革推动优质均衡

投入经费和资源支持，完善运动场地、学科教室、图书、桌椅等硬件条件。建立全覆盖的教育强镇筑基试点模式。深化"一校长多校区"改革，发挥特级校长等名校长的引领作用，建强城乡教育共同体，覆盖所有乡村中小学校和幼儿园。

（二）以人事制度改革激发队伍活力

实施乡村优秀青年教师培养奖励计划，推进教师"县管校聘"改革，加大城乡教师校长交流轮岗力度。新建、改造乡村教师周转宿舍，实现安居乐业。实施乡村领军校（园）长培育工程，加大"85后""90后"优秀年轻校（园）长选聘培育力度，激发乡村校（园）长队伍治校办学活力。

（三）以教学管理改革提升办学质量

打造特色乡村课程，发挥乡土资源的育人功能。推广联片教研模式，教研员联系乡村学校，以学区为单位开展送教助研，实现全覆盖。推进教育数字化进程，为乡村师生学习成长提供资源支撑。

（四）以评价机制改革提升办学品质

组织专业评价机构、评价团队，开展教学、教研和管理评估诊断及过程监管指导，提升乡村学校教学质量。完善督学评价机制，市级督学包靠镇街学校，每月深入乡村学校发现问题、解决困难。深化综合素质评价改革，强化过程评价，探索增值评价，促使乡村学校学生全面而有个性地成长。

二、乡村教育振兴面临新问题

尽管潍坊市在乡村教育振兴方面起步早、基础好，做了大量工作，取得了一些效果，但是对标乡村教育新要求、乡村振兴新需求、人民群众新期待、教育强国新标准，仍存在很多问题与不足。

一是基础不牢。潍坊市作为乡村振兴"三个模式"的发源地、全省唯一的乡村教育振兴示范市，推动乡村教育振兴应有新作为，乡村学校应有新发展。但从整体来看，对比城区学校，全市乡村学校的资源配置还处于劣势，仍存在短板与不足。

二是质量不高。对比城区学校，乡村学校教育资源不够丰富，学生活动相对匮乏，受制于学科教师不足等因素，国家课程仅能够"开齐开全"，距离"开好"仍有差距。

三是样态不活。与城镇地区教育相比，乡村地区的教育发展表现出落后性和滞后性，整体管理水平还存在较大差距。一方面，乡村学校受限于办学规模，在制度建设、校园文化和环境建设、教师队伍建设、学生管理等方面都存在短板，现代治理体系尚未构建，办学机制僵化问题普遍存在。另一方面，教育管理办公室或者乡镇中心校效能发挥不明显，乡镇驻地学校辐射功能需进一步加强，在资源统筹、一体化管理等方面亟待提升。

四是支持不够。乡村教育实现高质量发展，除资源条件外，关键是要有高质量的师资队伍做支撑。由于县级机构编制总量控制、乡村幼儿园规模偏小等原因，目前仅有镇街中心幼儿园纳入机构编制管理，绝大多数乡村幼儿园没有纳入机构编制管理，导致无法核编。

五是动力不足。乡村教育发展的核心动力在于留住人，一方面要留住教师，另一方面要留住学生。受城镇化进程影响，大量学生随着家庭的迁移流往市区、县城驻地。

六是融入不够。乡村的精神寄托在乡村学校，乡村文化的传承也依靠乡村学校。乡村学校应当做改造乡村生活的中心，乡村教师也应当成为改造乡村生活的灵魂。但从实际情况来看，乡村教育与乡村文化还存在脱离现象，没有充分发挥传承与发展乡村文化的作用。部分乡村教师乡土文化素养不足，工作和生活仅限于学校范围，难以融入当地乡村生活。乡村学校与村落分离，教育内容与乡村生活脱离，乡土文化和民间艺术得不到很好的传承发展。乡村教育评价标准城乡趋同的问题尚未得到有效改善，不利于乡村学校的个性化、特色化发展。

三、乡村教育振兴需要新突破

推动乡村教育高质量发展，要将乡村教育振兴放到整个乡村振兴战略的大局中去思考，与全市经济社会发展相协调。总结起来，重点应当做到"四个结合"和"六个创新"。

（一）深度推进"四个结合"

一是与乡村振兴战略和"三个模式"提升相结合。潍坊是乡村振兴"三个模式"（诸城模式、潍坊模式和寿光模式）的发源地，创新性开拓了以机制改革驱动乡村高质量发展的实现路径。在乡村振兴战略实施过程中，教育既承担着培养人才、服务乡村的重任，又承担着凝聚文化、留住乡愁的使命。在新形势、新任务下，要传承和发扬"三个模式"，打造乡村教育振兴的"潍坊模式"，走出一条以机制创新驱动乡村教育振兴、助力教育振兴乡村之路。

二是与推动县域高质量发展相结合。教育是面向未来培养人才的，必须为县域经济社会高质量发展做贡献。一方面，要加强职业教育，培养各行各业需要的产业工人和技术工人，为县域产业发展提供人才支撑；另一方面，要加强乡村教育，发挥乡村教育的独特育人功能，培养新型职业农民，留住人才，为县域高质量发展提供人力资源保障，确保县域经济社会发展的活力和后劲。

三是与优化基层社区治理相结合。乡村中小学校是乡村的教育中心、文化中心，是增强文化自信、助力基层社区治理的关键阵地。要充分利用现有的乡村中小学校和闲置的乡村教育资源，推动场馆设施、教学师资、图书资源等开放共享，建设一批"村史博物馆""流动电影放映室""乡村书屋"等公益场所，将乡村学校建设成为乡村文化高地，丰富村民的业余生活，提升乡村文化建设水平。

四是与加快教育现代化相结合。建设教育强国，关键是实现教育现代化；实现教育现代化，关键在于推动教育治理体系和治理能力的现代化。要坚持党对乡村学校的全面领导，按照中小学校党组织领导的校长负责制要求，建强党支部，配强党组织书记，完善乡村学校"四会一章程一核心"现代治理结构，不断提升乡村学校的办学条件、教学质量和现代化治理水平。

（二）着力推进"六个创新"

一是在办学体制上创新。按照"县域统筹、镇域一体、城乡共建、合作共赢"的原则，实施强校扩优行动，深化"一校长多校区""教育集团捆绑式发展"办学机制，推动教研、人员、资源等深度沟通交流。完善城乡共同体机制，推动城乡学校结对帮扶全覆盖，实行一体办学、协同发展、分类评价、综合考评，推进城乡学校优质均衡发展。深化学校联盟机制，成立乡村学校发展联盟，落实特级校长与乡村学校"一对一"帮扶机制，引领乡村学校高质量发展。实施强镇筑基行动，加大县域统筹力度，建强乡镇驻地学校、幼儿园，实行"一校多区、一园多点"一体化管理模式，提升教育资源管理使用效益。

二是在育人质量上创新。坚持五育融合、全面发展，落实全环境立德树人工作要求，加强乡村优秀传统文化传承，引导学生厚植爱国爱乡情怀。调整乡村学校教与学的关系、优化课程体系、丰富课堂样态、创新实践活动，实施项目化、生活化、课题式学习，提升乡村学校教学质量。实施体育美育浸润行动，健全"行政＋教研"一体推进机制，培育乡村学生艺体特长。发挥乡土资源育人功能，充分利用地域产业和优秀传统文化资源，因地制宜打造劳动实践基地，提升乡村劳动特色教育水平。成立乡村学校教学改革专家指导委员会，组建乡村学校课堂教学改革合作联盟，全面落实教研员联系学校、幼儿园制度，发挥教研引领作用。

三是在人才队伍上创新。打造一支扎根乡村、结构优化、专业性强的乡村师资队伍，为乡村教育振兴提供智力支持和人才保障。抓住乡村校长队伍关键，选优配强乡村校（园）长，遴选一批城区年轻后备校长到乡村学校担任校长，推动中小学校（园）长城乡交流轮岗制度；深入实施乡村校（园）长治校育人能力提升工程，加强乡村名校（园）长培育选树，提升乡村校（园）长专业化水平。夯实乡村教师队伍建设，实施乡村青年教师成长行动，建立乡村幼儿园园长、教师和保育员全员培训机制，县级层面设立乡村教师培训专项经费，全力保障乡村教师学习成长需求。全面推进教师管理"三定三聘三评"改革，建立健全以课时量和工作实绩为导向的教师评价动力机制，激发乡村教师的从教积极性，确保"引得来、留得住、用得好"。

四是在家校社共育上创新。深化乡村学校与村居（社区）融合发展，完善教育惠民服务网制度，强化村居（社区）家长学校、教育服务岗、学校"家长驿站"等阵地建设，将教育公益服务延伸到每个家庭，把家庭教育服务送到田间地头。加强班主任、家庭教育指导师队伍建设，开齐开全开好家长课程，常态化开展"父母大讲堂""家庭教育乡村行"等活动，提升乡村学校家长的育人能力和水平。充分发挥好各级家委会作用，定期组织开展家长开放日、家长接待日等活动，营造良好育人环境。深化"教育惠民一码通"智能服务平台建设，完善回应学生及家长诉求的"码上问、马上办"机制，畅通乡村家长沟通渠道。

五是在特色创建上创新。建设多彩乡村课程，发挥乡土资源育人功能，"一校一案"开发特色乡村课程，因地制宜打造综合实践基地和研学路线，满足学生多样化发展需求。实施乡村教育数字化提质计划，加快推进"专递课堂""名师课堂""名校网络课堂"的建设与应用，开齐开好信息技术、编程、人工智能等课程，提升乡村学生信息素养。实施乡村学校校园文化提升计划，深入推进"五清三提"行动，加强教室、办公场所、宿舍、食堂、厕所卫生清理，着力实现校园绿化提质、美化提效、文化提升，努力争创国家级和省级乡村温馨校园。健全乡村学校办学质量、乡村学生发展质量评价机制，按照"规范＋基础＋特色"原则，构建乡村学校、幼儿园评价要素模型，促进乡村学校特色发展、乡村学生全面而有个性地成长。

六是在服务大局上创新。发挥乡村中小学校教育中心、文化中心作用，广泛开展群众喜闻乐见的文教体活动和家教家风建设活动。充分利用乡村闲置教育资源，建设一批"新时代中国特色社会主义思想讲习所""乡俗文化和工艺传承室""复兴少年宫"等公益场所，提高乡村学校课后服务水平。立足"产业留人、人才兴教"，主动对接经济社会发展需求，发挥县域内职业教育和技能培训资源优势，助力培养高素质农民和农村实用人才。支持职业院校建设一批体现乡村文化特点、具有产业化前景的民间传统技艺专业，培养传承创新民族文化、民间技艺紧缺人才，更好地服务乡村振兴战略。

第二十七讲　高中教育：实现高质量与高品质并重

　　普通高中学校承担着重要的育人使命。在新高考、新课程、新教材倡导的素养导向下，推动高中育人方式转型，既需要育人的高质量，又需要办学的高品质，既需要培养出更多德智体美劳全面发展的好学生，又需要在源源不断"冒"出拔尖创新人才上有更大作为。那么，今天我们应当从哪些方面入手，真正办好一所能够回应社会期待、适应新时代需要的高质量、有品质的高中学校呢？

　　笔者先后在潍坊中学、潍坊北辰中学和潍坊第一中学三所普通高中担任党委书记。在这三所学校之中，潍坊中学是一所由两所高中学校合并的市区学校，办学历史久远，处在爬坡阶段；潍坊北辰中学是一所高标准现代化的新建学校，需要发挥引领示范作用；潍坊第一中学则是一所占地面积大、育人质量高的百年名校，需要继续创新机制当好排头兵。任职期间，笔者得到了这三所学校的校长以及全体干部职工的大力支持，得以在遵循育人规律和学校原有特质的基础上，组织开展了一系列育人转型和制度变革。从取得的效果看，这三所普通高中学校，均在育人质量、教师专业发展、学校治理转型以及师生满意度、家长和社会的认可度等各个方面实现了突破和发展。

　　综合这三所学校党委书记的任职经历，笔者认为，当下要办好一所高质量、有品质的普通高中学校非常不容易。高中阶段是学生升学的前置时段。因此，对一所普通高中学校来讲，持续提高教育质量是不变的工作主线。但是质量的提高，不能靠加班加点、分分必争、层层传递考试压力，而是需要升级育人理念、创新方式方法，需要系统性的目标引领、策略改进和路径转换，需要情怀使命、活力激发和制度保障。也就是说，我们需要通过学校治理体系和运行机制的优化，引发育人方式的变革和教学效能的改进，通过教师、学生及家长协同参与和学校生态调适，最终推动教育教学质量的提高和巩固。基于上述认识，我们围绕"项目化、扁平化、专业化、人文化、平台化、数智化、品牌化"七个领域，扎扎实实下功夫，认认真真解问题，推动学校质量和品质双提升。

项目化：把要素聚集到最关键的事情上来

高中学校的日常育人和管理工作千头万绪，涉及方方面面。哪些是重点工作？这些重点工作如何抓好落实？我们的选择是，在充分民主协商的基础上，将重点工作列出清单，建立团队，实施项目管理。潍坊中学设立了优势学科培育、校园综合体建设、教研机制健全等 16 个重点项目；潍坊北辰中学设立了个别化育人体系构建、全环境精致化管理、现代治理体系建构等 12 个重点项目；潍坊第一中学设立了教师幸福感提升、选课走班模式改进、学生成长精准指导等 22 个重点项目。这些项目是从哪里来呢？总体来讲，主要来自四个方面：一是涉及师生切身利益，需要协同攻关来回应并落实的事项；二是上级要求和安排的重点工作，需要学校创造性转化落地；三是涉及学校长远发展，需要转型升级的重大制度机制变革；四是涉及育人质量的教改项目，需要课程教学和评价教研等领域集体跟进。项目工作如何推动呢？通过建立项目工作信息化平台，加强过程性调度，定期组织进行标志性成果展示，实现过程的量化和可视化。也就是，每个项目组只要取得了阶段性成果和阶段性创新，都可以自主展示、呈现。那么，项目工作又是如何评价的呢？引入利益相关者作为评价主体，强调客户思维。同时，为了确保评价的科学性，聘请第三方校外专家参与。对于规范性的工作，邀请上级教育主管部门参与评价；对于专业性强的工作，邀请相关领域的专家来指导、诊断和引领项目方向和目标达成。

项目管理，不仅是一种工作推进方式，也是管理理念的转型。在实施项目管理的过程中，所有的项目都必须鲜明体现以师生为中心，也就是要把促进学生和教师的发展作为项目设立的第一追求。潍坊第一中学设立的"以学生为中心的财务后勤服务质效提升"项目，评价导向就是学校各部门是否把每一分钱都花在了离学生最近的地方。在组建项目组时，担任项目组长的不一定是学校的领导或者干部，而是最适合做这项工作的人。那些学术性、专业性强的项目，都是由专家型教师来担任项目组长。而那些管理性、服务性强的项目，也是由最熟悉该领域工作的人来担纲。总之，项目管理强调的是人事相宜、人岗相适、人尽其才。我们倡导学校每位教职工原则上都要进项目组，也就是让每个人都能参与到学校重点工作中来，从而找到价值感和成就感。通过重点工作项目管理制度，使学校资源和人才能够聚焦和匹配到大事要事上，让每个人都能找到最适合的干事舞台，让每个项目团队都成为充满干劲的"战斗堡垒"，有力促进了学校各项工作的改进提高。

扁平化：把校内组织都建成"动车组"

过去我们常说："火车跑得快，全靠车头带。"但在追求速度和效率的时代，单靠"车头带"，车速根本上不去。于是就有了从"全靠车头带"升级到让每节车厢都自带动力的高铁动车组。由于每节车厢都有动力，火车速度提上去了，行驶还很稳当。学校的治理，也要研制办学章程和行动纲要，推动运行机制和动力机制的扁平化变革，让校内每个组织、每个团队、每位教职工都成为自带动力的"动车组",而不是事事都要靠书记、靠校长来调度,靠考核、靠评价来督促。

首先,每个组织机构都要找到自己的创新点和服务点。在潍坊中学期间,我们把原来指向行政化、与上级教育主管部门科室一一对应的内设机构,全部转变为服务师生、服务教学的服务中心,强化服务意识,提升服务能力。潍坊北辰中学是新设立学校,内设机构则更加精简高效,全部围绕以学生为中心来设计。潍坊第一中学通过重新调整优化治理体系,确保学校党委作为决策机构,更好发挥领导核心作用,抓大事、议大事、定大事,保证办学方向。学校的各个年级作为学部,由副校长兼任学部主任,实现管理重心下移;组建新时代立德树人研究院、课程课堂研究院、青年教师成长学院等研发机构,由学术水平最高、在师生心目中最有威望的教师兼任负责人,作为学校研发机构;设立教学服务、教师成长、学生成长、环境育人、安全育人等服务中心,作为行政后勤服务机构。服务机构都要公开自身履职清单,主动接受师生评议。这样就实现了学校所有管理工作都指向为师生提供便捷高效的服务。于是,寻找工作创新点、服务突破点,就成为这些内设机构的自觉选择。

其次,让每位教职工都能有自主选择的机会。有选择才会有积极性。三所学校全部实行双向聘任,党组织设定部门人员聘任数量并聘任各部门负责人,部门自主聘任教职工。教职工则实行双向选择、全员竞聘上岗。根据每位教职工的意向,经过一轮或多轮竞聘后找到自身岗位,实行合同管理,签订各自岗位履职协议。根据履职情况,跟踪建立评价机制,实行相应的绩效工资待遇。此外,高中学校人员结构相对复杂,总有部分行政或后勤员工显得任务不够饱满。我们在学校开展了"我为师生做了什么"述职评议活动,不担任一线教师的辅助人员每个学期都要进行一次清单式述职。述职评议由一线教师和学生代表赋分评价,作为年度考核重要依据。从等待分配工作到主动认领工作，甚至自发去找教师、学生商讨自己能够做些什么，这样不仅提高了服务质效，还化解了教师和职员之间的矛盾。

最后，高中学校普遍规模较大，如何让师生、家长的诉求得到快速回应？在治理体系优化过程中，需要强化效率意识，不断提高执行力。笔者到每一所学校任职，都专门设立督查评价中心，把强化干部执行力和落实力作为重点事项抓在手上。毕竟，再好的治理体系、再完善的制度机制，也要始终牢记"抓而不紧等于不抓"。

专业化：以一流的教学实绩赢得认可和尊重

高中学校，质量为王，必须倡树以质量比高低、以学术论英雄的专业导向。怎样来提高教学质量？如何推动育人方式的转型？在研制发布学校课程建设纲要和质量提升重点项目基础上，三所学校从以下几个方面着手，以专业手段保障教学高质量。

其一是研制教学任务清单。教学工作是实功夫，来不得半点马虎。从教学改进来看，一具体就深入，一深入就有反思，一反思就有提升。所以，我们要求每个教学团队、每位教师都列出具体的任务清单。这些清单，不仅有教学进度和教学事项，还应包括学情分析、师生关系、评价诊断等方面。将教学任务清单与学校统一编制的教师教学手册和听评课手册相结合，建立评价机制。其二是研制素养导向的学科模型。普通高中新课程新教材实施，最终需要落在学科上。我们组织每个学科的任课教师进行系统研讨，找出关键的知识点、能力点和命题点，设计出素养导向的各个学科的模型框架。在模型的指导下，编制出大单元模型，将学科、可迁移的知识点、大概念等嵌入进去。模型化不仅使我们的教学更加生动直观，而且便于教师把握。其三是建设互促高效课堂。要改变教师满堂灌、满堂问的传统教学方式，就要引导教师从自身成长点做起，每节课不仅学生有收获，教师也要有成长，做到教学相长、互相促进。这是评价课堂效能的重要观察点。其四是创新教研机制。选优配强教研组长，由学校班子成员包靠各个教研组。推行跨学段和跨学科教研机制，实现横向以年级组为阵地的跨学科教研，纵向以学科为阵地的跨年级教研。突出课题化引领和成果化导向，实现教师人人有课题，时时可以出成果，反思诊断改进一体化。教研评价实行"双挂钩"，一是将参与教研情况以及取得的教科研成果与教师业绩评价相挂钩；二是将每个学科的教学和育人质量与教研组履职成效评价相挂钩。其五是提高教学评价力。从书记、校长到学校全体干部、教师都要提高自身的教学评价力。对于什么样的教学样态是先进的，什么样的课堂是高效的，什么样的课程体系是适应新高考、新课程、新教材的等问题，都要有清醒认识。对这些涉及教学评价的领域，通过理论学习、专家讲座、听评课研讨等方式，把新理念、新要求转化成每位教师开展教学活动时的思想认知和行动实践。

如何统筹各方力量提高教学质量呢？三所学校都建立起雷打不动的月度教学例会制度。在召开教学例会之前，先组织教师集体听课、评课和研讨，找出问题点和改进点。在月度教学例会上，教师代表、教研组长、班主任等提出意见建议，学校干部面对面给予回复。对于专业问题，聘请专家现场指导、答疑。最后，由学校党组织书记和校长分别就教学工作提出具体要求，明确任务目标。通过这样的例会制度，既把教学质量抓牢，又能及时校正方向；既提供了新理念和新策略，又提供了新招数和脚手架。

一提到专业化，大家可能更多聚焦教学和育人领域。其实，学校的管理工作也日趋需要高度的专业化。比如，新时代的高中教师越来越个性化，他们期待的管理方式就需要更有艺术、更加专业。否则，管理和教学就难以达成同频共振。因此，高中学校的教师评价方案，就不能再和以往一样，由学校领导和负责人事、教师工作的同志"闭门造车"，而是要充分研判高中育人方式转型、教师激励的理论和实践，尊重每位教职工的实际需求，结合学校发展实情来充分征求各方意见。一份有鲜明导向性和持续激励性的教师评价方案，是办好一所高中学校的重要抓手，不能小视，更不能忽视。

人文化：把每位师生都放在心上

到一所新的高中学校任职，在教职工数量较多的情况下，如何迅速融入进去并与他们打成一片？笔者的做法是，在任职的每所高中学校，都建立起每月为教师员工过集体生日的制度。参加的人员范围不仅是在编教职工，也包括为学校服务的食堂、保洁、保安等各个群体。我们认为，只要在校园里工作，就是一家人，不分彼此、平等相待。每个月，学校党委都会召集同一个月出生的教职员工，在一位学校领导班子成员的主持下，过一个简单又极富意义的集体生日。学校有关部门会提前汇集每一位参加月度生日人员的照片、感人片段、家庭成员祝福等内容，学校班子集体会为每位教职员工各写一段寄语。在集体生日会上，大家谈感想、谈学校发展，都会讲一讲内心的想法，在增进互相之间了解的同时，不由自主就凝聚起了共识。通过这种机制，笔者迅速认识并了解了所有的教职员工，掌握了他们的性格特点。

高中学校教职工大部分时间都在学校，很难顾及家庭，容易出现"忠孝难两全"。但是，教师的子女在学习成长上不能掉队。怎么办呢？笔者任职的每所学校都倡导组建起教师子女关爱服务中心。这个中心有温馨的场所、健全的设施，还有学校专门配备的辅导教师。目标是让教师放心上课、上晚自习，心无旁骛"辅导别人家的孩子"，自己家的孩子则由学校负责培养好。此外，青年教师的成长事关一所学校的未来。只有他们住得好、吃得好，才能教得好，才能对学校产生感情。我们建起标准化的青年教师公寓，为学校单身青年教师或结婚后尚未购房的青年教师提供免费食宿。同时，建立青年教师成长学院，设立学习室，配备学习资料，遴选专家和名师担任指导教师，建立交流评价机制，让青年教师安居乐教、健康成长。思想政治工作也是建设人文校园的重要领域。我们建立教情月度会商研判制度，每月研判教师心情、各班班情、师生家情和社情民意，制定针对性举措。不断加强思政课教师队伍建设，每季度召开思政课教师座谈会，办好思政课，有效诊断课程思政和活动设计，让学校各项工作更具时代性、更有先进性。

要创办人文化学校，书记和校长就要自觉当好"首席服务官"，对学生和家长的诉求、问题和困难，要主动认领，带头去突破。我们定期开展"四问两征集"活动，也就是聚焦"学校发展的优势在哪里？学校遇到的问题有哪些？最需要办的事情是什么？我能为学校做什么？"和"校园安全稳定风险点、为师生办实事清单"方面广泛征集建议。根据征集的师生意见，每年春季开学初，我们都要发布为教师和为学生办实事清单，并公开接受监督。就这样一件一件的实事办下来，一个一个的问题解决下来，学校的人文化氛围日渐浓厚，办学满意度自然就"水涨船高"。

平台化：众筹智慧创办"股份制"学校

对于一所高中学校来讲，最宝贵的财富是人才。实际上，一所学校最宝贵的不仅仅是人才，而是让人才和智慧能够源源不断涌现出来的制度和机制。从办学实践来看，人才永远是短缺的。但是，智慧和资源却可以是无限的。关键在于如何搭建更多平台来集聚智慧、集聚资源，凝聚各方合力治校办学。

在校内，我们建立了各种学术组织。比如，建立教师学术委员会，负责教师专业发展的引领和专业水平的评价。教师学术委员会的成员每个学期要为每位教师出具一份类似体检报告的"学术诊断清单"，让教师照单对照明确自身成长方向，便于"缺什么、补什么"。再比如，组建立德树人研究院，不管哪个学科的教师、哪个岗位的职员，甚至是家长或社会人士，都可以申报关于立德树人的课题和项目，开发相关课程，组织有关活动，为师生讲时政、讲政策、讲未来发展方向，真正把课程思政落到实处。另外，我们还为师生设立了各种展示舞台。比如，通过教育年会精品课程展示、素养导向的品质课堂直播、青年教师讲课大赛、未来教育家路演等活动，让一批有潜质的教师脱颖而出。通过举办科技节、体育节、艺术节、读书节、校园创意博览会、亲子活动节等活动，为学生提供各种展示机会，让每位学生都能参与其中并发现自身闪光点，找到各自兴趣点，在"寒窗苦读""学海无涯"之外，留下更多美好的高中记忆。

针对培养拔尖创新人才和实施科学教育，潍坊中学组建卓越学生培养学院，重点突破新文科；潍坊北辰中学组建英才学院，"以未来计、从足下始"，设计出一体化课程体系；潍坊第一中学成立青少年科学院。从实施成效看，青少年科学院是一个有效平台。在定位上，我们将其作为做好科学教育"加法"的重要举措，作为一项重大教改项目，作为学校办学新优势、小初高一体衔接新路径和拔尖创新人才早期发现的新举措。在师资上，我们引导学校教师全员参与，并聘任了一大批科研院所专家、初中小学科学教师、教研员和校友人才担任导师。在课程上，突出活动性、参与性、趣味性，开发新工科、新医科、新农科和奥林匹克竞赛兴趣课程，融合"科学＋艺术"课程。在培养上，既松散又紧密、既学习又实践、既面向学校又面向社会。在机制上，完善共建机制，优化运行机制，健全激励机制。在评价上，坚持多元化、个性化，引导师生广泛持续参与。在保障上，聚集校内外各类资源，为有志青少年提供了一个拓展优势、规划生涯、成就自我的新阵地。通过搭建这些平台，不断放大高中学校办学格局，在幼小初高衔接、跨学科融合上为更多拔尖创新学生提供针对性的成长机遇，学校的尖子生培养路子越走越宽、效果越来越好。

有心、用心、会想办法的学校资源多。作为高中学校，遇事不能单靠向党委、政府要资源，不能单靠主管部门给办法，学校应"自己动手，丰衣足食"。比如，我们借助潍坊第一中学建校 110 周年机遇，设立校友联谊节，来筹集资源，扩大效应。实际上，筹备校友节的过程就是育人的过程，师生广泛参与其中，找到了榜样、受到了教育、鼓起了干劲。通过校友节，我们组建校友基金会，筹集了大量资金用于"奖教奖学、助教助学"，即奖励优秀教师和优秀学生、资助贫困教师和贫困学生。同时，还组建起潍坊第一中学校友企业孵化器，引导校友企业本地孵化，以实际行动助力当地经济社会高质量发展。此外，我们还设立校园开放日，定期邀请家长进校园找问题、提建议。邀请媒体记者、社会贤达等组建办学"智囊团"，定期召开研讨会，主动听取不同意见，介绍办学成绩，凝聚各方共识。借助媒体力量，我们讲出学校好故事，传递学校好声音。

数智化：赋能学校每一个场景和每一个有需要的人

高中学校更需要推动数智转型，建设数字化校园。作为学校负责人，要自觉当好引导者、研究者、促进者、协调者和保障者。从高中学校办学实际来看，数智转型重点需要突破两个方面，一个是满足精准教学、差异化学习和个性化评价需求，另一个是服务便捷务实高效的管理。我们借助人工智能助推教师队伍建设行动国家级试点，从赋能教学、赋能育人、赋能管理三个方面入手，系统化推动学校数智转型。首先，开发精准评价系统，用好更加广泛的学习资源，开展更加多元的学习方式，抓好数字实验室、数字课堂、数字课程、数字评价，给师生以更多选择、更广空间、更大可能。其次，利用好数智赋能，更加积极主动地推进各项教学改革，实景化呈现教改成效。比如，通过即时的效果评估，让课堂教学变革更有质效，各项数据更加精准反馈改革实效，实现实时动态调整。最后，建立起基于数字化的教师综合评价体系，聚焦基础性、创新性、成长性、领导力等核心指标，实现公开透明的数据画像，为教师专业发展提供多样化、个性化的学习平台。面对数字化大潮，办好高中学校要具备全球视野，要善于将全部资源转换为育人资源，将有限资源转变为无限可能。在数字化、智慧化理念背景下，学习具有无限可能。比如，我们利用数字技术将单一课堂转变为集传统教室、学校、学生家庭、整个社会大课堂、网络于一身的"五个课堂"，通过一体化设计，不断拓展课堂教学空间，助力提升育人质量。

此外，我们通过升级智慧校园系统，在保护师生隐私基础上，实现安全监控全覆盖。学生无论处在校园里的任何地方，都有智慧安全保障系统保驾护航，有效杜绝了欺凌霸凌等不良事件发生。鉴于高中学生大部分在校寄宿的实际情况，我们还开发出家校互通信息共享平台，建立起在线高效的家校沟通系统，让家长随时知晓孩子在校的学习、生活状态，并可以实时与学生的育人导师或班主任交流，化解焦虑，实现家校协同沟通不掉线、不占线。

实际上，实现数智转型并不是大工程，完全可以从小事做起。比如，我们开发了学校的"教育惠民一码通"，将二维码放在学校微信公众号上。家长和社会只要对学校发展有何意见建议，都可以"扫码即提"。我们还跟进开发了"随手拍"，师生和家长只要有新创意、新问题，以及看到对办学治校有借鉴和启发的图片、现场等，都可以随手拍、随手传。我们还开发了网上在线督查系统，对教师、学生和家长及社会的诉求，第一时间受理并处置、反馈。其实，数智转型关键需要数字化思维。一所有品质的学校，并不是某一个人的学校，也不是单靠某一个团队在治理，而必须链接各方资源，汇集起各方能量，办好数字化学校，将数智赋能体现在师生成长上。

品牌化：把我们的追求用品牌体现出来、固化下来

一所高中学校要有品质、有口碑，持续赢得师生、家长和社会的公认和尊重，不仅要有办学愿景、育人目标，还要有属于自己的办学品牌。笔者任职的三所学校在广泛调研论证的基础上，分别打造了"幸福潍中""别致北辰"和"品质潍一中"三个办学品牌。

学会幸福既是重要的育人目标，也是为师生和家长服务的办学目标。对于一所正在努力成长发展的市区高中学校，基于其发展轨迹、文化氛围和育人目标，我们提出建设"幸福潍中"的目标，就是想以此凝聚共识，把幸福嵌入五育并举全过程、融入师生成长全过程，让他们在潍坊中学拥有幸福经历，并影响一生。经过教职工广泛讨论，梳理出"幸福潍中"最大的办学特质就是：不弄玄虚不图虚名，不发牢骚不耍心眼，求真务实抓质量；既当老师又是学生，既是学校更是家园，携手一致谋幸福。"幸福潍中"这样一个办学品牌，启发广大教职工意识到，最真切的幸福就在自身的奋斗过程中。引导师生无论面对什么、遇见什么，都要有期待的眼神和淡然的心态；无论听到什么、看到什么，都要有善良的认知和从容的步伐。幸福潍中人不仅要呵护自己的幸福，还要不打扰别人的幸福，努力为更多人创造幸福，在从容优雅中过好自己的教育人生。

潍坊北辰中学是市委、市政府重点打造的推动教育现代化示范校，其校名来自《论语》"为政以德，譬如北辰，居其所而众星拱之"。作为城市发展的新地标、人才聚集的新平台和现代化教育的新示范，我们将学校的办学理念定为"创造适合每一位学生发展的教育"，以"格致高远，思行方圆"为校训，追求"精致、精准、精进、精神"的校风，用先进的教育理念、开放的教育情怀、自主的教育机制办出一所个别化、差异化的"别致"学校。学校以"别致北辰"为办学品牌，就是要启迪广大教职工，应当以"不同桃李混芳尘"的定位，立志办一所不一样的美好学校；以"不

畏浮云遮望眼”的格局，用战略长远眼光为师生创造幸福未来；以"不要人夸好颜色"的胸怀，不计名利教好每一位孩子；以"不到长城非好汉"的意志，用心做好每一项工作。积土成山，凝聚各方力量建设一所不负时代、不负期待的改革创新示范学校，实现学校起步成势。

潍坊第一中学则是全市教育的品牌和窗口，社会高度关注，市民充满期待。一大批优秀学子怀揣梦想走进一中，我们需要回答好，在他们最珍贵的三年时光里，学校将为他们奠基一个什么样的人生？我们将用什么样的状态赢得他们最持久的尊重？在一所校园占地大、办学历史久、教学质量高的学校，必须强化品质意识。因此，我们提出了"品质潍一中"的办学品牌，致力于培养品德高尚、品行方圆、品味容雅、品性敦厚的时代学子。学校党委提出，要围绕"办学很大气、改革有勇气、干部讲正气、教师有底气、学生有志气、社会有名气"的目标，以更加开放包容的心态，按照定位更高、质量更优、内涵更精、情怀更深、底线更牢的目标，干部增强执行力、教师提高责任心、职员制定服务单、学生比增值率、家长看认可度，做专业好、受尊重的教师，办有温度、高品质的高中学校，切实发挥出办学品牌的引领作用。

当然，办好一所普通高中学校，需要面对的情况千差万别。既要高质量、又要高品质，非常不容易。这些围绕"项目化、扁平化、专业化、人文化、平台化、数智化、品牌化"的探索实践以及相关的制度机制创新，也需要持续加力、不断完善。对办好高中学校来讲，唯有更加务实、更多付出才能做到更高质量、更有品质。

第二十八讲 读书行动：让阅读成为师生内在追求

读书之于每个人成长的重要性毋庸赘言。让更多的师生加入到好读书、读好书的队伍中来，从中汲取潜移默化的成长成才力量，需要相应的制度设计来引导、生发和激励。

一、从校长带头读书做起

如果校长不读书，何谈书香校园？潍坊市自 2004 年开始推行校长职级制，让校长按照教育专家的路线治校办学，实现专业发展。靠情怀和专业赢得师生的尊重，已成为潍坊校长的共识。笔者每到一所学校调研，都会到校长的书橱前看看存放着什么书、正在读什么书。目前看来，校长的书橱越来越充实，书目也越来越贴合教育高质量发展的实际。潍坊每年都会给校长们推荐必读书目，包括《学校如何运转》《龙兴：五千年的长征》《课堂转型》等；还发起了"校长领读"活动，每月组织一期，由校长畅谈近期自己读过的好书，并以视频直播的方式面向全社会领读。校长爱读书，才能发挥榜样的力量有力带动师生爱读书。

二、让渡图书的选择权

每个人对读书的需求是不一样的，需要基于自己的实际来选择。学校在选购图书、杂志时，应主动征求师生意见。很多学校的图书都由教师、学生自主选取，然后由学校统一选购，纳入图书资源管理。对家庭来说同样如此。选择图书是一项专业行为，需要研判孩子的阅读能力和阅读爱好，而不是由家长"包办"，也不能简单凭借各种专家推荐的"图书排行榜"或"必读书目"照单全收。与孩子心智水平不一致、个性喜好不相符的"硬性书单"，并不能使孩子受益。当然，图书也不能完全由师生来选择。读书是要读好书、读适合的书。

三、让图书来到师生身边

传统的学校布局，大多是单独设置一个图书楼，或者在学校某个区域建设一个专门的图书馆。从实践来看，这种方式已经越来越不适用。最好的办法是，将图书放置到离师生最近的地方，最好是能够实现举目可见、触手可及。当下素养导向的教学，越来越呈现出个别化、差异化的新样态。学生既需要认真研习课本，还需要大量阅读资料来支撑，在时间有限的前提下，不可能每次都到图书馆去借阅。根据教学内容、教学进度和每位学生的学习需要，学校应该合理筛选图书，以"图书角"等方式，把图书放置到教室内、走廊边，并定期更换。

四、以写作"倒逼"读书

身边经常有朋友感叹，"说起来容易写出来难"。写作需要思维的系统升华，爱写作者必然爱读书。对于校长，鼓励他们提炼治校育人的思想来著书立说，出版自己的专著。对于教师，鼓励他们撰写教学反思和育人故事，发表各类文章。对于学生，鼓励他们从写日记开始，强化记述思维和总结意识，一些"小作家"由此崭露头角。潍坊采用了很多措施来激励校长读书、写作，比如资助校长、教师出版与教育教学相关的图书，再比如创建"潍坊教育思享会客厅"，汇集潍坊校长、教师的专著来集中展示，不断夯实他们治校育人的理念新度、认知广度和思维深度。

五、营造读好书的家庭氛围

"至今东鲁遗风在，十万人家尽读书。"潍坊是一个重视教育的地方，我们通过"小手拉大手"活动，把读好书的成长需求转化为家庭的需求，将多读书、读好书以及亲子共读书、同成长等理念，通过"百万家长进学堂""家长线上课堂"等方式，送到每一个炊烟升起的村落、每一户童声朗朗的家庭。在潍坊，每所学校都是家长学校，每位教师都是家庭教师。每年48学时的家长课程，让家长成为尊重孩子成长规律的教育同行者，成为孩子爱读书、读好书的呵护者和互促者。

六、突出关注农村学生

读好书，对每个孩子都很重要。当前需要重点关注的是农村学生，特别是留守儿童的读书问题。潍坊实施"乡村图书捐赠行动"，定期组织爱心企业、出版社等机构，捐赠乡村校园图书室。实施"图书漂流计划"，将城市孩子读过的各类绘本等童书，点对点捐献寄送到农村学生家里。倡导乡村教师当"大先生"，收集图书办家庭书屋，方便农村孩子就近阅读。如高密市冯家庄小学教师单美华，腾出自家住房，办起"宝德书院"，成为附近村落留守儿童放学后的"第二个家"，带动起一批有情有爱的乡村教师跟进。"人间至宝是有德"，人生幸事是读书。

七、既读有字书也读无字书

最好的育人课程在路上，读万卷书还需行万里路。我们倡导读好书，更倡导读好社会这本最厚重的书，边读边看、边读边想，将闭门读书与开门观景结合起来。潍坊崇文重教，各类育人资源众多，有市级及以上研学基地124家，校外实践基地210家。这些校外教育资源，有沂蒙山区、渤海走廊、王尽美纪念馆等红色阵地，有郑玄、晏婴、贾思勰等巨匠"皓首穷经"，有苏轼、李清照、范仲淹等留存的诗文遐思，有郑板桥、刘墉等枝叶关情的为民情怀，有东镇沂山、青州古城、恐龙博物馆等自然人文景观，有乡村振兴"三个模式"、心无旁骛攻主业"潍柴"精神等时代担当。如此丰富的资源，足以浸润每一位学生。观无字书、读有字文、做践行者，"四个自信"的种子由此在每个孩子心中生根发芽，呈现出勃勃生机。

"读书不觉春已深，一寸光阴一寸金。"教书者首先是读书者，教育人永远是年轻人。为不辜负大好时节、青春年华，每一位校长、教师、学生和家长，都应双手捧书、下笔成文，让读书成为每个人最真实、最持久的内在需求，不断充盈生命，阔步走向未来。

数智转型：与现代教育治理融合互促

潍坊市作为教育部人工智能助推教师队伍建设行动试点市，教育改革基础好，教师队伍建设样态活，教育信息化数字化起步早、理解深，承担着为推进人工智能有力有效助推教师队伍建设蹚路子、建机制的重任。其中，推进改革的关键是通过推动校长和教师队伍的数字化素养提升，不断强化人工智能和数字化思维，并将其应用到治校育人和教书育人的全过程。也就是说，在推进教育数字化、智慧化的过程中，实现教育治理的数智转型，不是就技术谈技术、就数字化谈数字化。作为校长和学校相关管理者，处理好数智转型与现代教育治理的内在关系需要关注以下五个方面。

一、如何看待数智转型

数智，就是数字化加智慧化。学校应正确看待这场数智转型，把技术转变成自身的办学智慧，并能够用智慧来掌握数字化趋势。

一是顺应时代趋势。发现趋势、顺势而为，是做好工作的前提。当前，技术进步日新月异，数字产业、数字经济扑面而来。教育面向未来培养人才，需要主动融入技术更新的大潮流，这个潮流是不可逆的，也是不可抗拒的。赶上数字经济时代的技术大潮流，教育领域也不能掉队。

二是落实上级要求。党的二十大报告提出要推进教育数字化。各级教育主管部门都把数字化战略摆在重要位置。教育层面、学校层面的这场数智转型，是必须要做、必须做好的一件大事。这里面，校长是关键，要把问题想清楚、把路径找准确，将上级要求与学校实际有效结合，推动学校实现数智转型。

三是满足师生需求。无论是普通高中应对新高考、落实新课程新教材改革，还是义务教育推进新课标、"双减"政策落地，都对推动教师育人和教学方式的转型、学生学习方式的转型、学校管理方式的转型提出了新要求新期待。这些都需要学校主动研究数字化和人工智能，通过数智转型来实现提质增效。

四是符合育人导向。培养担当民族复兴大任的时代新人，要精准研判未来发展大势，为学生更好应对未来奠基。这就离不开德智体美劳"五育并举""五育融合"，离不开数字化赋能，离不开数字时代数字素养的提前培育。结合时代的变化，学校要探索新的教育教学模式和人才培养模式。

总体来讲，推动数智转型，能够让教育更有智慧、更有效能、更加自然。更有智慧，是通过数字技术更广泛的收集，实现足不出户便知天下事；更有效能，是做到精准识别、精准教学、精准服务、精准评价；更加自然，是着力提供更加多元化的学习方式和个性化的管理方式，适合每一位教师和学生的生命样态和成才需求。

数智转型不仅是技术升级，更是教育和学校治理理念和行动的转型。数智转型赋能现代教育治理，就是要更好地做到共创、共治、共享。这也是未来学校治理的新样态。

在数智转型实际实施过程中要关注结构优化。首先，要通过数智转型创新流程、赋能师生、优化服务、构建信任、防范风险，做到规则至上、公开公平，一切都在阳光下操作。要通过数字化思维化解潜在风险，增强预知能力，加强事前研判。其次，要通过数智转型实现资源向要素的转变、机构向平台的转变、竞争向合作的转变。无论是学校还是学校的内设机构，都应当成为聚集资源、要素和智慧的平台，成为师生展示自我、赋能自我的平台。数字化使信息传递更便捷化、管理更扁平化，就需要更多的协同。要把过度强调竞争变为适度竞争，同时要深度合作、充分合作，把教育生态从过度竞争转变为充分合作。

二、数智转型中应予关注的几个问题

数字化是新样态，数智转型是教育新赛道。在这个过程中，除了技术支撑，更重要的是思维和理念的升级。如何用好数智转型服务现代教育治理，需要重点关注以下几个问题。

一是把握正确方向。转型要转向哪里？如何实现这种转型？整个过程如何控制与校正？如何与构建现代教育治理体系相匹配？这些问题决定着学校数字化转型的方向。应该基于学校问题的解决和办学目标的设计，做到一校一方案。在这个过程中，还要着重思考、解决如何与现代教育治理体系相匹配、相协同、相促进的问题。

二是明确推进路径。从区域教育治理来讲，从每所学校来讲，应该如何转型？是突出硬件还是软件？如何找到突破口？如何让教师和学生真正具备数字化思维、形成数字化意识？如何在学校治理中更有智慧？数字赋能必须要探索出一条正确的推进路径。从区域教育治理的角度，行政部门要重视数字化教育，为学校实现数智转型提供政策支持和制度保障。从学校的角度，实现数智转型，要充分发挥校长的引领作用，增强学校治理的智慧，帮助师生树立起数字化意识，找准关键突破口。

三是强化赋能效果。对学校来讲，数字赋能应该表现在哪些方面？具体到利用人工智能助推教师队伍建设层面，教师期待哪些改变？校长的人工智能领导力如何构建？这些问题的答案可以概括为以下三个方面：一是通过人工智能实现减负增效；二是促进教师专业发展；三是提升人才管理水平。此外，还应通过数智转型，实现对教师评价的可视化、数据化、精准化。

四是强调系统推进。对于数智转型，每个群体的基本认知到了什么程度？针对青少年和青年教师等不同群体，如何引领他们对数字化的理性认知和应用？教育数字化、数智转型要从单项推动转向系统化实施，需要重点关注、研究教育领域不同群体对推进教育数字化、智慧化的认知和应用。

五是提供人才支撑。当前，熟稔数字化技术和理念的"双师型"人才缺乏，大多数教师只是停留在概念化层面，真正使用的仅限于教室的数字化黑板和有些科技公司提供的服务教学的系统。推动数智转型要求广大教师基于学校、学科、岗位特点，主动思考设计，真正学懂弄通数字化技术，甚至能够提出研发需求和服务供给。作为校长，首先应该成为人工智能和数字化的行家里手。

六是构建评价体系。数智转型成效如何来评价？这既是一项专业行为，需要构建系列科学合理的评价体系，也是一场广泛活动，需要广大师生和家长参与其中。数智转型评价应制定相应的标准。从评价内容上看，评价的主要指标应该能回应学校数智转型转到哪里去、转得怎么样、差距在哪里、方向是什么等一系列的问题。从评价方式上看，评价主体应多元化，鼓励广大师生、家长、社会共同参与，拓宽评价渠道，强化结果使用，发挥评价引领作用。

三、数智转型中学校管理者的定位

在数智转型推动现代教育治理升级的过程中，学校管理者要提升人工智能领导力，就要做好如下角色。

一是做引导者。学校管理者要积极主动倡导、推动数智转型，做好学校层面的顶层设计。当前，实现教育高质量发展，既要落实"五育并举""五育融合"，还要减轻师生负担；既要推进"双新"，还要落实"双减"；既要高质量，还要轻负担；既要学生综合素养高，还要学习成绩好。如何实现这些目标？数智转型是方向，也是必然的选择。

二是做研究者。学校管理者既要研究书，又要研究数。技术不断更新，治理体系也需要不断完善。校长及学校管理团队要不断更新完善技术、治理体系，不断研究新技术、新思维、新动向，定位准走向和预期。在这个过程中，需要结合学校的实际，找准突破口和实施路径，强化、提升研究力。

三是做促进者。学校管理者要将数智转型融入教育治理的各个环节。比如为教师减负，可以基于学科来推进。假如某所学校的某个学科借助新技术实现了减负增效，那么其他学校、其他学科就可以借鉴学习。如果某个行政服务部门数智转型转得好，其他部门也可借鉴参考。推动数智转型要基于不同学科、不同岗位，也要摒弃各自为政、形式主义的处事风格，构建起共享思维，让各项工作的开展更加简单化。

四是做协调者。数智转型是系统工程，涉及学校内部各个部门、各个岗位，以及提供服务的技术公司、上级主管部门、周边学校、家长学生等各个方面，需要校长统筹推进。例如，在数智转型中如何利用微信群来进行有效的家校沟通？这就需要在数字化大范畴中，不断优化治理体系来推进，通过高效的数字化沟通赢得家长的认同。

五是做保障者。实现数智转型不是一件容易的事情，既需要理念更新，还需要资源配套，更需要治理体系的完善，是一项久久为功的事业。这就需要校长和学校管理团队持续不断地提供各种支持保障。

四、将数智转型融入治校育人

在数字化背景下推动数智转型，需要进一步优化提升学校管理者的治校育人能力。

一是提升党的建设能力。在数字化转型背景下，学校应创新方式，运用数字化推进党建工作，不断提高党建育人实效、党员满意度和获得感。在实际操作中，要正确运用数字化支撑服务党建工作，实现抓党建促教学、抓党建聚人心、抓党建提士气、抓党建带队伍的目标，实现智慧党建。

二是提升现代治理能力。数字化时代，学校治理应当更加突出差异化、智能化、平台化、扁平化，这是现代治理的导向。学校将越来越成为众筹智慧的"股份制"平台。在这种平台思维下，更需要借助数字化技术来优化现代治理体系。

三是提升团队建设能力。加强学校团队建设，校长应做到为师生减压力、增活力、添动力。在具体实施中，要建立起基于数字化的教师综合评价体系，聚焦基础性、创新性、成长性、领导力等核心指标，实现公开透明的数据画像，为教师专业发展提供多样化、个性化的学习平台。

四是提升课程领导能力。学校要用好更加广泛的学习资源，推动更加多元的学习方式变革，抓好数字实验室、数字课堂、数字课程、数字评价机制建设，给师生以更多选择、更广空间、更大可能。

五是提升资源统筹能力。面对数字化发展浪潮，学校要具备全球视野，善于将全部资源转换为育人资源，将有限资源转变为无限可能。在数字化、智慧化理念背景下，学习具有无限可能。比如，利用数字技术将课堂转变为传统教室、学校、家庭、整个社会大课堂、网络"五个课堂"，一体化设计，拓展课堂教学空间，提升育人质量。

六是提升改革创新能力。在数字化背景下，改革创新更具想象力、个性化，同时也更加精准。学校管理者必须利用好数字化赋能学校发展，更加积极主动地推进各项教学改革。实现数智转型，可以更好地评价改革成效。比如，通过即时的效果评估，让课堂教学变革更有质效，各项数据更加精准反馈改革实效，实现实时动态调整。

七是提升自我成长能力。在数字化背景下，学习更有空间、更有时间、更有资源。学校管理者要系统化地构建自身的理论体系和知识体系，科学规划发展目标，善于利用碎片化时间、借助碎片化资源，实现自我的不断提升。

五、需增强的几点认识

数智转型是技术的迭代。在安排经费支出时，要基于数智转型实际需求保障技术和设备的投入。通过构建实用、专业、科学的数据分析系统，在学生成绩、课堂数据统计分析等方面切实为教师减负。包括智慧校园、信息孤岛、数字平台的问题，也是同样的逻辑。

数智转型是理念的转变。理念的转变包含学习方式、治理方式的变革性突破。比如，更新学校教师评价系统，需要以系统思维来实施，做到个性化、协同式、反馈式评价，评价方式、途径多元，内容全面，数据透明，过程更加真实。

数智转型是思维的跨界。数智转型离不开家校社的协同。学校管理者要有跨界思维、多元思维，强化家校社协同，合力推动数智转型。学校管理者还要多研究企业管理，特别是关注企业数智转型经验以及治理体系的构建办法，形成系统的数字化教育思维。

数智转型是素养的提升。学校管理者应强化预见力、链接力、判断力、抗压力、学习力、表达力、执行力等综合能力的提升。一是预见力，教育面向未来培养人才，校长要有预见力来适应岗位的需要。二是链接力，一些学校的影响力来自自身超强、超广泛的资源链接能力。三是判断力，面对层出不穷的信息，学校管理者要能够从中辨别出真正有用的信息，绝不能人云亦云。四是抗压力，学校管理者要有强大的抗压力来面对高效率、高节奏带来的心理压力。五是学习力，学校管理者要不断提升学习力，依靠学习走向未来。六是表达力，学校管理者要具备将所思所想转化成教师内心真正认同的表达力。七是执行力，学校管理者要善于创新机制，通过数字化、信息化提升执行力。

数智转型是管理的升级。 在数字化大背景下，教育治理更加强调规则至上、高效协同等新理念，还会涉及师生的隐私如何来保障等问题，都需要教育管理者来思考。校长要研究如何与班子成员、干部、教师高效协同，以及推动这些群体之间高效协同的问题。学校的核心功能是育人。无论是提升人工智能领导力还是推动数智转型，根本是服务于教师育人能力的提升，服务于现代教育治理效能的提升，服务于办好人民满意的高质量教育。

家庭教育：让家长成为素质教育的协同者

落实立德树人根本任务，需要家庭、学校、社会、网络等不同场域的各个主体协同参与、密切配合，构建起全环境育人的制度体系。家庭教育不仅是延伸教育专业性、统一社会教育认知的最佳途径，也是破解当前诸多教育难题、加快构建学习型社会的现实选择，其重要性不言而喻。

潍坊市在近二十多年间，一以贯之持续推进家庭教育，不断廓清家庭教育与学校教育质量和治理水平提升、深化教育综合改革、推进教师育人提质与负担减轻、"双减"改革落地、教育治理软硬环境建设等方面的正向拉动关系，市域内家庭教育和基础教育、职业教育一样，朝着类型教育的方向不断推进。这其中很重要的一条，就是用好评价指挥棒，发挥评价引领作用，健全评价机制，让家庭教育的成效得到生动显现，最终把立德树人落实到每个家庭之中，成为每位家长的行动自觉。

明确发展家庭教育的各方责任，让重视家庭教育成为共识。通过制度设计，让纵向市和县（市、区）之间以及横向同级各个部门之间都把发展家庭教育当作分内事主动去做。首先，发挥好教育督导机制的作用，将家庭教育发展情况纳入市对县（市、区）党委、政府履行教育职责评价和年度教育综合督导评估，把支持发展家庭教育转化为党政行为，强化工作落实的力度。发挥好各级党委教育工作领导小组的作用，将家庭教育纳入党委教育工作领导小组履职评价内容，每年列出教育工作领导小组成员单位支持发展家庭教育的职责清单，定期组织述职评议，加强督导和调度。组建市及县（市、区）家校社共育委员会，将与发展家庭教育紧密相关的文明办、民政、卫健、文旅、妇联、团委、关工委等部门的合力凝聚起来，明确各部门承担的支持发展家庭教育任务清单，各司其职加大推进落实力度。发挥好社区的基础性作用，在每个社区设立家庭教育协调员和家庭教育公益岗，承担具体职责，建立履职评价机制，让家庭教育成为社区服务的一项重要内容。

强化学校的主阵地作用，把家庭教育作为治校办学重要内容。要将家庭教育真正落实到底，学校是重要一环。必须明确家校沟通对于一所学校健康发展重要性、亲子共成长对提高学校教育质量重要性的定位，将发展家庭教育作为重要指标纳入对学校的年度考核。发挥校长职级制改革的制度优势，将家庭教育纳入对校长的职级评定和年度考核，让校长真正重视家庭教育、研究家庭教育、推进家庭教育。实践表明，只要校长真正行动起来，家庭教育在学校层面的推进就更顺畅、更有效。在每所学校加挂家长学校，配备家庭教育总协调员，按学校副职管理，主抓家庭教育、家校社共育等工作落实。明确班主任和任课教师对开展家校沟通、推进家校共育的职责，将家长满意度等指标纳入对班主任和教师的评价维度，与教师的职称评聘、年度考核、师德考核等挂钩。明确学校、校长及班主任、任课教师等各方责任，实现全员参与，把发展家庭教育作为学校的重要工作内容，发挥学校的主阵地作用，发挥家长学校的主渠道作用。

突出专业化的评价标准，让家庭教育内涵和外延双发展。家庭教育落到实处，关键是有专业化的评价标准和符合规律的评价要素。按照"有课程、有师资、有平台、有评价"的要求，潍坊市建立起完整的家庭教育制度体系。从课程上看，明确家长课程制度标准，实施普及性课程、针对性课程、社会化课程，实现家庭教育课程对 0～18 岁未成年人家庭全覆盖、线上线下全覆盖、城镇乡村全覆盖。强化课程开设评价和督查，让"一年四次八课时"成为家长学习的规定动作。采用政府购买服务方式，携手第三方教育智库山东省泰山教育创新研究院研发出中国首款集家庭教育"课程、咨询、服务、数据管理"于一体的"幸福路——中国家长移动学校"。家长可以通过平台学习家庭教育课程，获取个性化家庭教育指导服务；学校可以通过平台实现家长课程落地，增进家校沟通；教育主管部门可以实现六级分级数据管理，用大数据技术为家庭教育信息化、智能化而赋能。从师资上看，市、县、校三级分别遴选家庭教育名师，开设个性化课程，满足家长需求。从平台上看，按照线上线下一体化要求，线上提供共享资源，线下学校根据各自实际开展相关活动，办好家长学校，畅通家校共育渠道。从评价上看，将家庭教育同基础教育、职业教育同等对待，开展各类教学成果奖、重大课题、重大项目申报以及家庭教育名师推选、教学能手推选等活动，提升家庭教育教研水平，激发各个方面参与家庭教育的积极性。

探索个性化评价方式，让家庭成为家庭教育的动力源。潍坊市搭建各种平台，开展各类评价，鼓励家长参与。组建市和县（市、区）两级家长联合会，在各级各类学校设立家长委员会，在年级、班级也设置家长委员会。建立起市、县、校、年级、班级五级家长委员会"组织网"，扩大参与面，增加交流渠道，让家委会成为推动家庭教育落实的重要力量。探索推动个性化、层级制、专业化的星级家长评价机制，各个学校组建由家委会和家长学校共同组成、专业力量参与的评价组织，从亲子关系、子女认可度、家庭氛围、家庭读书、家庭劳动教育、家长对学校活动的参与度等不同维度，开展各个层面的评价，由家委会和家长学校授予家长不同的星级，引导家长积极参与家校共育、不断提高自身素质，实现"亲子共成长"。研制涵盖教育理念、有效诊断、沟通艺术、阅读素养、终身学习、敬老孝老、身心健康等各方面的智慧家长模型，实施专业序列引导，逐步由亲子关系扩展到夫妻关系、文明社区创建等更多层面，发挥好家庭教育在传承良好家风家训、实现教育现代化、创新基层治理新样态、建设学习型社会等方面的功能，努力让每一个家庭都和和美美、每一位父母都充满智慧、每一个孩子都健康成长，齐心协力助推素质教育全面实施。

后　记

　　之所以将书名定名为《推动转型：教育治理三十讲》，是因为书中的这些内容和主题，是笔者这些年围绕"现代教育治理"这一重大课题，有意识地在一些讲坛、培训会议上进行讲述后又进一步整理形成的，力图有一个系统化、课程化的呈现。

　　现代教育治理的研究或者说是探析，既需要理论的支撑，更需要实践的印证；既需要理念的更新，也需要工具的提供。这些工具包括策略、路径、制度和办法等各个方面。笔者所讲述的这些内容，只是提供一种借鉴。

　　参加工作以来，笔者先后担任过潍坊市实验学校教师，潍坊市校长发展研究中心教研员，潍坊市教育局总督学、副局长，还曾担任潍坊四中党委副书记兼副校长、潍坊中学党委书记、潍坊北辰中学党委书记、潍坊第一中学党委书记、国家教育行政学院潍坊基地负责人等多种职务，有幸在不同角色的工作中，积累了教育、科研和管理的实践经验和反思总结。当然，在自己的教育历程中，也得到了诸多前辈的指点与鼓励。当代教育名家、北京第一实验学校校长李希贵曾对我的拙著《教育治理如何提升效力》《学校发展如何更具活力》《师生成长如何自带动力》评价道："处在变革时代的教育特别需要身处其中的有心人，聚焦正在做的事业，勇于实践，勤于反思，不断提升自己，实现个人与事业的同步发展。从井光进的思考里我感受到了向上的力量。"希贵校长的肯定成为鼓励我笔耕不辍、不断向上生长的力量源泉。

如果从总体上对现代教育治理做概述，可以分宏观、中观、微观三个层面：宏观上主要是如何调适区域教育生态，优化办学要素的供给，用改革的办法解决发展中遇到的问题；中观上主要是如何激发学校办学活力，优化运行机制，尊重校长、善待教师、心系学生；微观上主要是如何调动教师队伍内在动力，以为人父母之心行为人师表之实，不断弘扬教育家精神。通过这三个方面的制度设计和体系构建，把现代教育治理的理念转化为丰富的实践。最终目的，还是落实立德树人根本任务。

笔者在北京师范大学攻读博士学位期间，我的导师张志勇教授，我的老师褚宏启教授、苏君阳教授、王雁教授以及中国教科院副院长于发友研究员等都曾要求我系统化提升理论素养。但写罢本书，依然感觉缺少严谨的理论逻辑，大部分内容仍然是自己多年思考和实践的积累，试图为教育管理者、一线校长教师和热心教育治理的研究者呈现区域推动现代教育治理的理念、策略与路径。由于追求鲜活却水平有限，难免"非常理想"又"特别现实"，肯定还有很多缺憾与不足，期待朋友们的真诚对话与批评指正。

无论如何，记录自己教育人生的又一本书出版了，这也是对自己从事教育工作二十余年的一种纪念，但更多还是对自己新的期冀。正如一位朋友对我的鼓励："沿着教育研究的路子，带着浓厚的情怀，怀揣阳光，不念过往向未来，收拾行囊再出发！"

感谢翻开这本书的朋友们。